. . . und dann war alles anders

GESCHICHTEN VON KRIEG UND FRIEDEN

Arena

Zu diesem Taschenbuch wird eine Unterrichtserarbeitung erstellt. Informationen darüber erhalten Sie beim Arena Verlag, Würzburg unter Telefon 09 31/7 96 44-0 oder www.arena-verlag.de.

In neuer Rechtschreibung

1. Auflage als Arena-Taschenbuch 2007
Lizenzausgabe des Ueberreuter Verlags, Wien

Covergestaltung: Frauke Schneider unter Verwendung eines Fotos
von Lorelyn Medina und Tony Campbell
Umschlagtypografie: knaus. büro für konzeptionelle
und visuelle identitäten, Würzburg
Gesamtherstellung: Westermann Druck Zwickau GmbH
ISSN 0518-4002
ISBN 978-3-401-02726-5

www.arena-verlag.de

Inhalt

Weit weg vom Krieg – weit weg von zu Hause

Afghanische Kinder von nebenan

Aygen-Sibel Çelik

Mirwais, 15 Jahre

»Ey Mirwais, Alder, pass auf, das Flugzeug fliegt ihm gleich um die Ohren.« Sven nuschelt ihm in sein Ohr. Ein Soldat trägt einen verletzten Kameraden aus dem Schützengraben. Bomben fallen. Es wird geschossen. Aus allen Ecken. Fast. Fast hat er es geschafft. Der Helikopter wartet schon. Mit letzter Kraft wirft der Krieger seinen Freund in den Hubschrauber. Sie heben ab. Alles wird dunkel. Eine Helden-Musik wird eingespielt. Ende. Dämlicher Film. Was soll das? Warum lässt er sich auch immer wieder von Sven überreden, sich diese blöden Filme anzusehen. Krieg soll das sein? Was wissen die denn schon! Da kommt kein Helikopter, der einen rettet in allerletzter Minute. Nein. Noch nicht mal gewarnt wird man. Keine Sirenen. Kein Fernseher. Man sitzt nicht im Bunker und wartet. Nein, beim Frühstück, nichts ahnend. So einfach ist das. So einfach alltäglich ist Krieg. Man sitzt beim Frühstück und da fliegt einem der Bruder um die Ohren. Romal, er hätte überleben können. Aber es hatte nicht genügend Ärzte gegeben. Überall haben die Verletzten herumgelegen in dem zerbombten Krankenhaus. Einem Kind hätten sie doch zuerst helfen müssen. Sein Bruder, acht Jahre alt war er da. Sechzehn wäre er jetzt. Er weiß alles noch ganz genau. Wie sie geweint hatten, wie sie geklagt hatten, seine Mutter und seine Oma. Vahid, sein anderer Bruder, und er hatten nicht geweint. Sie waren stumm geworden. Sie hatten aufgehört zu reden, zu spielen, zu lachen. Ganz einfach so. Dann hatte Mutter entschieden. Sie wollte nicht länger in Kabul bleiben. Im Norden sollte es besser sein. Von da aus könne man nach Pakistan fliehen und dann weiter. Und dann. Wie, wie kann man nur so viel Pech haben? Ein Blitz schlägt doch auch nicht zweimal in das gleiche Haus ein. Warum dann diese zweite Rakete? Warum musste sie seine Mutter treffen? Warum? Oma war stark gewesen. Sie hatte Mutter beerdigt und dann hatte sie alles verkauft, alles, was sie noch übrig hatten. Sie hatte fremde Männer bezahlt. Sie hatte ihn und Vahid gerettet. Über Berge, über Täler, mit Autos, mit Bussen sind sie geflohen. Er und Vahid und seine Oma mit immer anderen fremden Männern. Der kürzeste Weg war der von Pakistan nach Frankfurt gewesen. Absurd. Sein Onkel, der Bruder des Vaters, hatte sie vom Flughafen abgeholt. Er war schon früher geflüchtet und er hatte ihnen geholfen, ihnen alles erklärt, ihnen alles gezeigt in diesem fremden Land. Damals. Heute hilft er ihnen auch noch. Er und Vahid dürfen bei ihm leben. Wo sollten sie auch sonst hin? Jetzt, wo Oma tot ist. Diesmal waren es keine Raketen. Diesmal war es Krebs. Die letzten Tage hatte sie viel von ihrem Sohn erzählt, seinem Vater. Er kann sich nicht mehr an ihn erinnern. Er war erst drei, als er gefallen ist im Krieg. Noch drei Jahre, dann wird er achtzehn sein, dann wird er sein eigenes Leben führen. Er weiß, dass er es schaffen wird. Er war sieben und hatte Deutsch gelernt, ohne vorher ein Wort zu verstehen. Er hatte auch Französisch und Englisch gelernt. Erst Intensivkurs, Förderstufe, Realschule und jetzt war er auf dem Gymnasium. Doch das ist doch nichts. Alle wundern sich über ihn, doch das ist doch nichts gegen das, was das Leben ihm bisher geboten hat. Er musste gut sein. Er musste einfach.

»He, Mirwais, schläfst du oder was? Willst du noch den ganzen Abspann ansehen, he?« Sven und die anderen stehen schon an der Tür. Sie lachen. Er greift nach seiner Jacke. Die Musik hat schon aufgehört. Es ist spät und der Raum leer.

Nila, 11 Jahre

»Seid doch mal ruhig jetzt! Ich möchte euch heute eine neue Mitschülerin vorstellen. Komm mal her, Nila.«

Nila geht zur Lehrerin. Wie sie sie alle anstarren.

»Also, Kinder, das ist Nila. Sie kommt aus Afghanistan. Wie ihr wisst, ist dort Krieg.«

Krieg! Schon wieder Krieg. Damit hat sie doch nichts am Hut. Sie doch nicht. Gut, sie wurde mitten im Krieg geboren. Gut, wegen des Krieges sind sie ausgewandert. Wegen des Krieges mussten sie weit weg nach Russland, dann nach Deutschland, erst nach Cottbus, dann nach Frankfurt. Sie musste immer ihr Heim, ihre Schule verlassen. Anders kennt sie es gar nicht. Mühsam musste sie sich an ein neues Zuhause, eine neue Schule gewöhnen, eine neue Sprache lernen, immer wieder, und sie musste neue Freunde finden. Wenn man das dann überhaupt Freundschaft nennen konnte. Und in der Schule: immer diese Vorstellaktionen: »Nila kommt aus Afghanistan. Da ist jetzt Krieg.« Krieg. Es ist immer dieser Krieg. Dieser dämliche, verdammte Krieg. Nila und Krieg. Nila und Krieg. Es kommt ihr schon vor wie ein zweiter Vorname. Sie ist auf die Welt gekommen und hat angefangen zu leben. Ganz normal. Geatmet hat sie. Sie hat geweint, wenn sie Hunger hatte und Durst oder die Windeln voll waren. Wie jedes andere Kind eben auch. Doch gelebt hat sie immer im Schatten des Krieges. Nein. Weder hat sie je einen Toten gesehen noch erlebt, wie es ist, angeschossen zu werden oder auf eine Mine zu treten. Sie war noch zu klein, als sie aus Afghanistan geflüchtet sind. Erst drei. Doch da ist immer diese Angst. Sie weiß nicht, woher sie kommt, aber sie ist schon immer da, solange sie sich erinnern kann. Und Bomben – ja, an die kann sie sich auch erinnern. Sehr gut sogar. Bomben, das ist wie Silvester in Deutschland. Sie hasst dieses dämliche Silvester. Die Menschen jagen Bomben und Raketen in die Luft und freuen sich daran, wie – wie wahrscheinlich auch die, die echte Bomben abschießen. Ob sie wissen, dass Krieg sich genauso anhört? Krieg. Sicher wird das hier in der neuen Schule auch ein Thema werden. Sie wird einen Aufsatz schreiben müssen. Was ist Krieg? Die Lehrerin wird sie aufrufen und fragen, ob sie nicht erzählen möchte. Was ist Krieg? Krieg. Das sind die vielen angsterfüllten Augen beim Spielen, beim Zähneputzen, beim Essen. Die Augen der Eltern, von Siar, ihrem Bruder. Krieg ist diese ewige schwere Last auf ihren Schultern. Ein schwarzer Nebel, der sie irgendwie immer umgibt. Das ist Krieg. Für sie. Aber sie wird nichts erzählen. Sie wird so tun, als verstünde sie nicht. So gut Deutsch kann sie ohnehin noch nicht. Elf Jahre ist sie nun schon auf der Welt. Elf Jahre! Keine richtige Freundin, kein richtiges Zuhause, keine richtige Sprache. Sie hatte noch nie jemanden, mit dem sie sich unterhalten konnte. Richtig unterhalten. Über sich selbst, über ihre Gefühle. Mit ihrer Familie und den afghanischen Bekannten, die sie manchmal besuchen, kann sie doch nicht so reden wie mit einer Freundin. Eine Freundin. Doch, natürlich hatte sie mal eine Freundin gehabt. Mariam. Aber das war in Russland und ist schon lange her. Anfangs hatten sie sich noch geschrieben. In Cottbus noch. Jetzt war es irgendwie eingeschlafen, ihr Briefwechsel, ihre Freundschaft. Auch Mariams Eltern waren geflohen, vor dem Krieg. Es war schön mit Mariam. Aber dann musste sie weg, weg nach Deutschland. »Es gibt hier keine Schulen«, hatte ihr Vater gesagt. Sie waren zu weit weg. In Cottbus gab es eine Schule. Sie war nicht weit weg. Doch dort hatte sie keine Freunde gefunden. Keine richtigen. Es waren Kinder, die nett zu ihr waren, neben anderen, die es nicht waren. Mehr nicht. Sie konnte zwar etwas Russisch, aber das half ihr nicht in Cottbus. Erst langsam hatte sie Deutsch gelernt. Etwas. Nicht besonders gut. Dann musste sie wieder weg. In Cottbus gab es keine Arbeit. Für ihre Eltern. Und für sie gab es diesmal keinen Abschied. Diesmal hatten ihre Eltern keine afghanische Familie kennen gelernt. Keine Freundin.

Die Kinder schauen sie an und sie sieht in ihren Augen nicht sich selbst, sondern die Dunkelheit und Traurigkeit des Krieges spiegeln. Das will sie nicht. Das wollte sie nie. Ihr Leben soll ab sofort nichts mehr mit dem Krieg zu tun haben. Verdammt. Aber es ist wie verhext. Es hört nie auf. Kaum hatte sie geglaubt, dass es jetzt besser werden muss, kaum hatte sie keine so große Angst mehr, allein zu Hause zu sein, sich damit abgefunden, dass sie in Frankfurt von vorne beginnen muss, mit allem, da war dieser neue Krieg aufgetaucht. Bush, Amerika, Taliban,

Bomben. Der Krieg ist jetzt im Fernsehen. Er verfolgt sie. Es ist wie verhext. Wieder sprechen ihre Eltern darüber. Wieder diese angsterfüllten Augen. Telefonate mit den Verwandten in Afghanistan. Lebt Oma noch? Lebt Kusine Nabila noch? Wie geht es ihnen jetzt? Eigentlich kennt sie sie gar nicht richtig. Trotzdem hat sie Angst. Angst um sie, Angst um sich, Angst eben. Da, wo einst ihr Haus stand, steht jetzt wohl ein neues. Da wohnen jetzt andere Menschen. Wie es dort aussieht, weiß sie nicht genau. Doch an Schnee muss sie immer denken. Seit dem Video, das die Verwandten ihnen vor Jahren geschickt haben. Alle ihre Sachen hatten sie damals zurückgelassen und waren geflohen. Damals, als sie drei war. Sie habe immerzu geweint, hat ihre Mutter erzählt. Ihre Eltern wollten nicht, dass sie und Siar mitten im Krieg aufwuchsen. Dann wurde das Haus bombardiert. Während sie in Russland waren. Das ist schon so lange her. Und jetzt, jetzt steht sie in Frankfurt. Hier haben sie alles. Die Kinder haben eine Schule, die Eltern eine Arbeit. Doch jetzt ist wieder Krieg. Und sie steht hier. Hier in dieser Klasse. Diese Blicke.

»Nila, Nila, du kannst dich jetzt setzen. Schau mal, neben Jana ist noch ein Platz frei. Also, herzlich willkommen, Nila. Ich hoffe, du fühlst dich wohl bei uns.«

Die Lehrerin dreht sich um und beginnt mit dem Unterricht. Nila setzt sich. Keiner schaut mehr.

Emal, 7 Jahre

»Emal, Emal. – Schwester, ich glaube, er wacht auf!« Eine große Hand legt sich auf seine Stirn. Sie ist kühl. Es pikst an seiner Hand. Er erinnert sich an die Schläuche, die an Nadeln in seinen Händen stecken. Das Piksen ist nichts gegen die Schmerzen, die er beim Schlucken hat. Eine Frauenstimme kommt. »Hallo, mein Kleiner, wie geht es dir?« Der Mann und die Frau schauen ihn an, das kann er spüren. Es riecht und schmeckt immer noch säuerlich und es brennt in seiner Nase. Er öffnet die Augen. Alles ist so weiß, so verschwommen. Jetzt erkennt er den Mann. Es ist der, der auch im Flugzeug dabei war und auch zu Hause, als er sich von seinen Eltern und seiner Schwester verabschieden musste. Was sie wohl gerade machen? »Emal, du musst jetzt ganz tapfer sein und wieder gesund werden«, hatte Mama gesagt. Er weiß ja, dass er das alles aushalten muss, ganz alleine. Nicht weinen, nur nicht weinen. Der Mann und die anderen von der Hilfsaktion sind gute Menschen. Alle wollen ihn wieder gesund machen. Das weiß er. »Sie sind von so weit hergeflogen. Sie nehmen dich und die anderen Kinder mit, damit es euch wieder besser geht«, hatte Papa gesagt und er hatte geweint. Doch er, Emal, muss tapfer sein. Er weiß, dass er sonst vielleicht gestorben wäre. Vor Hunger, vor Schmerzen. Zu Hause konnten ihm die Ärzte nicht helfen. Die Krankenhäuser waren bombardiert. Alles war zerstört. Lange hat er nichts mehr gegessen. Nichts Richtiges. Nur Brei und Suppe. Er kann nicht mehr schlucken ohne Schmerzen. Diese Schläuche geben ihm Nahrung, das hat er verstanden. Aber er kann nicht mit dem Mann reden. Er spricht eine andere Sprache. Er kann den Ärzten und den vielen fremden Menschen nicht sagen, wie es ihn schmerzt, und auch nicht, was er denkt, was er sich wünscht. Gesund zu sein, ja, aber auch bald wieder zu Hause zu sein, bei Mama und Papa und Roya, seiner Schwester. Der Mann hatte die ganze Reise über alles Mögliche versucht, dass er ihn verstand. Er hatte auf Gegenstände gezeigt, Grimassen geschnitten, laut und langsam geredet. Manchmal hatte er ihn verstanden und versucht zu antworten. Jetzt schauen sie ihn wieder an. Sie fragen ihn was. Schon wieder. Er hat keine Stimme. Sein Hals tut ihm so weh. Seine Hände kann er auch nicht benutzen wegen der Schläuche. Einige Wörter hat er begriffen. Wörter wie Hunger, heiß, kalt, Schmerz. Er flüstert sie denen zu, die wissen wollen, wie es ihm geht. »Ich bin Emal.« Das sagt er, wenn ein neuer Mensch kommt und ihn sehen oder fotografieren will, ihm Spielzeug oder Kleidung bringt. Er weiß, dass er Glück gehabt hat. »Glück im Unglück«, hatten die Ärzte in Afghanistan gesagt. Es war so dumm, dass er aus der Flasche getrunken hatte, ohne daran zu riechen. Aber es war doch eine Limoflasche. Mama hatte geschrien und geflucht. Eine Limoflasche mit Batteriesäure. Er hatte doch nur gespielt und dann hatte er Durst bekommen. Er wusste nicht, was die Jungs vorhatten. Yasir und seine Freunde waren älter als er. Aber sie hatten nichts gegen ihn. Sie wollten eine Bombe bauen. Gegen die Feinde. Hier, in diesem fremden Land, ist er operiert worden. Operiert. Er kann sich nicht vorstellen, was sie mit ihm gemacht haben. Gesund fühlt er sich noch nicht. Aber er wird es bald sein. Das weiß er. Er weiß, dass er auch jetzt Glück hat. Seine Eltern haben gebetet. Gebetet für das Glück, das Gott ihnen geschenkt hat. Gebetet dafür, dass die Menschen von der Hilfsaktion gekommen sind, in ihre Stadt, in ihr zerbombtes Krankenhaus. Gebetet dafür, dass sie ihn ausgewählt haben. »Sie können nur fünf Kinder mitnehmen. Nur die dringendsten Fälle«, hatten die Ärzte seinem Vater gesagt. Sein Fall war sehr dringend. »Stirb nicht, mein Sohn.« Mama hatte viel geweint. Er ist nicht gestorben. Er wäre verhungert, beinahe, aber er ist nicht gestorben. Dann durfte er in das große Flugzeug steigen. Es war das größte auf dem Flughafen. Er ist froh, dass der Mann ihn hochgehoben hat, damit er alles sehen konnte, die vielen Menschen, die Transporter und die Flugzeuge, die so aussahen wie riesige Vögel. Dann hatte er die Wolken gesehen. Sie waren so schneeweiß und so groß gewesen. Und so weich und nah, dass er das Gefühl hatte, sie gleich berühren zu können. Jetzt liegt er in diesem

weißen und weichen Bett in diesem fremden fernen Land, weit weg von zu Hause. Sein Zuhause, es ist zerstört. Wie alles andere auch. Wie seine Speiseröhre, die lustigen Spiele mit seinen Freunden, wie alles eben.
»Er wird es schaffen. Er ist ein tapferer kleiner Kerl und die Operation ist gut verlaufen.« Ein Arzt ist gekommen und redet mit dem Mann. Er streichelt seine Wange. »Mach's gut, Emal. Ich komme morgen wieder.« Der Mann geht und die Schwester lächelt ihm zu. Sie macht das Licht aus und die Tür zu. Keiner fragt mehr was.

Die Geschichten basieren auf Erlebnissen tatsächlich betroffener Kinder aus Afghanistan. Die Namen wurden geändert.

Stana

Irma Krauß

Wenn du dir an einem Sommertag plötzlich eine rabenschwarze Brille aufsetzt, hast du ungefähr meinen Blick auf die Welt, seit Stana weg ist. Ohne Witz. Der Unterschied ist nur: Eine Sonnenbrille kann man wieder abnehmen.

Stana und ich – also, wir waren keine gewöhnlichen Freundinnen, wie man sie in jeder Klasse findet, nein, das mit uns, verstehst du, war etwas ganz Besonderes. Ist schwer zu erklären. Als kleine Mädchen haben wir uns ein Zauberland ausgedacht, in dem die Sonne nie unterging. So ungefähr, so war das mit uns. Sicher gab es mal schlechte Laune, Missverständnisse, ein böses Wort. Geschenkt. Sachen, die nicht zählen.

Wir waren fünfzehn, davor vierzehn, dreizehn, zwölf, elf, bis hinunter zu fünf, zum Kindergarten, wo wir uns zum ersten Mal gesehen haben. Zehn gemeinsame Jahre. Wir gingen in die Grundschule, dann ins Gymnasium. Bei den Hausaufgaben haben wir uns gegenseitig geholfen, wir hatten Spaß, uns war nie langweilig, und wenn wir von Jungs redeten, blieb klar, dass unsere Freundschaft wichtiger war als jeder Kerl. Hatten wir uns in einen verguckt, erzählten wir uns davon und malten uns eine romanti-

sche Story aus, die mehr hergab als die Wirklichkeit. Stana und Mareike in ihrer magischen Welt.
Dann kam eine Schlammflut oder ein Ascheregen oder ein Himmel voll glibberiger Kröten wie in einem Horrorfilm und aus war's mit Sonne und Freude. Das Unheimliche daran war, dass der Dreck, der Ruß und die Kröten nicht plötzlich kamen, sondern die ganze Zeit schon da waren. Nur wir haben nichts gemerkt.

Als meine Eltern mich an meinem ersten Kindergartentag abholten, gemeinsam, denn mein Vater hatte gerade Urlaub und meine Mutter arbeitete damals nicht, rannte ich mit Stana an der Hand auf sie zu und rief: »Ich hab ein stummes Mädchen gefunden!« Wie eine, die schon ewig lang nach einem stummen Mädchen gesucht hat, erzählten meine Eltern später lachend. Sie guckten von mir zu Stana, die strahlte. Nicht dass ich gewusst hätte, wie unterschiedlich wir waren – wie Tag und Nacht –, denn damals hat der Spiegel noch keine Rolle gespielt. Erst mit den Jahren verglich ich Stanas Pfirsichhaut und ihre dichten dunkelbraunen Haaren mit meiner ungleichmäßigen Haut, die mal rot und mal blass war, und mit meinen blonden Haaren, die ich immer aufpeppen muss und die nie von selbst nach was aussehen.
Stana war natürlich nicht stumm. Sie konnte nur kein Deutsch und hielt deshalb den Mund. Die Erzieherinnen

schauten begeistert zu, wie wir miteinander spielten und uns ohne Worte verständigten, einen ganzen Tag lang. Danach klärten sie mich auf.

Stana lernte schnell Deutsch. Das meiste habe ich ihr beigebracht. Wenn es nach ihrer Mutter gegangen wäre, der nichts an der deutschen Sprache liegt, wäre es umgekehrt gelaufen: Ich hätte in null Komma nichts Albanisch gelernt. Aber in Stanas Familie bestimmte der Vater. Stana durfte in den Kindergarten gehen, wo alle deutsch redeten, und wenn ich sie mit zu mir nach Hause nahm, hatte er auch nichts dagegen. Mein Vater und meine Mutter mochten Stana, sie freuten sich, dass ihr Einzelkind eine prima Freundin gefunden hatte.

Stanas Eltern und meine Eltern haben sich allerdings nicht angefreundet, sie blieben auf Distanz. Vielleicht wenn sich meine Eltern etwas Mühe gegeben hätten ... Aber an Stanas Mutter hätten sie sich wahrscheinlich die Zähne ausgebissen.

Die Haradinajs sind Kosovo-Albaner. Sie haben Kosova verlassen, als Stana vier, ihr Bruder Rasim drei und die Zwillinge zwei Jahre alt waren. Sie kamen nach Deutschland, weil Herr Haradinaj in seinem Land nicht mehr arbeiten durfte. Er war Hochschullehrer. Ohne Deutschkenntnisse musste er sich bei uns mit einem Job in einer Baufirma begnügen. Er fand eine elende Wohnung in einem Abbruchhaus, hätte sich allerdings eine bessere leisten können, wenn er nicht seinen halben Lohn nach Hause geschickt hätte, um seinen Bruder und seine Eltern zu unterstützen. Das hat mir Stana erklären müssen, sowie sie die nötigen Wörter dafür kannte, denn ihrem Vater war die Wohnung irgendwie peinlich.

Er hat mit der Zeit selbst etwas Deutsch gelernt, so viel er eben bei der Arbeit brauchte oder auf dem Ausländeramt, aber Stanas Mutter konnte gar nichts und hatte auch keine Lust, diesen Zustand zu ändern. Sie war schön wie ein Bild, wenn sie lächelte, doch sie lächelte nicht oft. Mit Stana war sie streng, den Jungs erlaubte sie alles. Sie redete außerhalb ihrer Familie nur mit den kosovo-albanischen Frauen im Haus, albanisch, versteht sich, und wenn man sie etwas fragte, rief sie sofort nach ihren Kindern, denn die lernten ja Deutsch. Stana war deswegen oft wütend auf ihre Mutter. So wütend, dass sie anfing, aus Protest Albanisch zu verlernen.

Herr Haradinaj unterstützte unsere Freundschaft. Heute weiß ich, dass er sich für Stana dieselben Chancen in Deutschland wünschte, die ein deutsches Mädchen hat. Deswegen musste sie auch kein Kopftuch tragen, obwohl ihre Familie muslimisch ist und ihre Mutter ihr das Tuch am liebsten angeklebt hätte.

In unserer Stadt gab es noch mehr Albaner aus Kosova, fünf oder sechs Familien. Die hatten auch Töchter. Ich weiß also, wovon ich rede, wenn ich behaupte, dass Herr

Haradinaj kein typisch muslimischer Vater war. Er vertraute Stana und mir, und als Stanas Mutter anfing, Rasim hinter uns herzuschicken, zum Aufpassen, gab es Zoff. Das Geschrei endete damit, dass Stanas Mutter in Streik trat, sie redete kein Wort mehr mit Stanas Vater, wochenlang, und mit Stana nur das Nötigste. Umso mehr palaverte sie mit den Nachbarinnen; die warfen giftige Blicke und zischten Stana Sachen zu – sie würde Schande über ihre Familie bringen, zum Beispiel. Stana wäre am liebsten zu mir gezogen. Aber das erlaubte ihr Vater nicht, am Abend musste sie pünktlich zu Hause sein. Außer wenn eine Theaterfahrt oder ein anderes schulisches Ereignis stattfand.

In unserem Haus wäre genug Platz gewesen, oft waren wir nur zu zweit, meine Mutter und ich. Denn mein Vater ist Pilot, Tornadoflieger. Er hat eine Dienstwohnung an seinem Standort, wenn er nicht sowieso auf Lehrgang in Amerika oder Kanada ist. Im Vergleich zu Stanas Vater ist mein Vater ziemlich jung, sogar noch ein Jahr jünger als meine Mutter. Er sieht phantastisch aus in seiner Uniform, sagen alle. Sie drehen sich nach ihm um, wo er auch auftaucht, und meine Mutter, die davon nervös wird, tut eine Menge für ihr Aussehen: Gymnastik, Schönheitsmasken, Diät und Fitnessstudio – und das nach einem langen Arbeitstag im Büro.

Ihre zweite Macke verstehe ich: Das ist die Angst, dass

mein Vater abstürzen könnte. Über seine Flugzeiten wurde nie gesprochen, meine Mutter kennt sie nicht oder verdrängt sie. Solange sie nichts weiß, behauptet sie, passiert ihm nichts, ihre Panik dagegen könnte ihn glatt vom Himmel holen.

Aberglaube, lacht mein Vater.

Mir ist es mit Stana zusammen immer leicht gefallen, nicht an den gefährlichen Beruf meines Vaters zu denken, wir waren ja beschäftigt. In der Grundschulzeit dachten wir uns verrückte Geschichten aus, in denen wir die Hauptrollen spielten; wir hatten dann keine Familie, keine albanische und keine deutsche, sondern waren allein und erlebten wilde Abenteuer. Oder Stana war eine Fee und zauberte die irrsten Sachen für mich herbei. Oder ich war die Fee, dann wünschte Stana sich ein Schloss und ich kam zu Besuch, sie führte mich herum und gab an, bis es mir zu blöd wurde; wenn sie das merkte, erfand sie eine Urkunde, in der stand, dass das Schloss uns beiden gehörte, dann durfte ich mit den Fingern schnippen und Tee bestellen und so weiter. Kindereien eben.

Bei Stana zu Hause konnten wir nicht spielen, ihre drei jüngeren Brüder machten so viel Lärm, dass man keine Sekunde Ruhe hatte. An Hausaufgaben war gar nicht zu denken – aber das war auch unsere Chance. Denn zu den wichtigsten deutschen Begriffen, die Herr Haradinaj kannte, gehörte das Wort Bildung. Stana brauchte nur von Hausaufgaben zu reden, schon durfte sie zu mir. Als dann auch noch klar war, dass sie aufs Gymnasium konnte, war ihr Vater mächtig stolz auf sie und ließ sie noch länger weggehen.

Eine Ausnahme gab es. Das war, wenn Familienbesuch aus Kosova bei den Haradinajs eintraf. Für ein paar Tage wurde dann so getan, als ob, ich ließ mich nicht blicken und Stana band sich ein Kopftuch um. Sie hasste das, aber sie erklärte mir, in ihrem Land nähme man die Großfamilie sehr wichtig und sie wolle ihre Verwandten nicht kränken; die hätten nämlich wenig Ahnung vom Leben in Deutschland, dafür aber eine konkrete Vorstellung davon, wie sich ein muslimisches Mädchen – egal, wo auf der Welt – zu benehmen habe.

Über die Sommerferien schickte Herr Haradinaj seine Familie nach Kosova, zur größten Freude seiner Frau, denn sie hing an ihrem Land und an den Verwandten. Wenn ich ihre gute Laune sah, kriege ich jedes Mal Angst, sie würden nicht mehr wiederkommen. Die Jungen hätten meinetwegen in Kosova bleiben können, vor allem Rasim, der nur nervte, aber nicht Stana.

Stana wünschte sich immer, dass ich mitkommen sollte, es sei herrlich auf dem Landgut ihres Großvaters. Doch meine Eltern sagten stur Nein. Ferien in einem Krisengebiet – auf gar keinen Fall. Stana, die von Krisen noch nichts gemerkt hatte, widersprach. Der Gutshof ihrer Großeltern sei der friedlichste Platz auf Erden, tönte sie, um meine Eltern zu überzeugen. Die bewunderten ihr gewähltes Deutsch – eine Grundschülerin, eine Ausländerin! –, ließen sich aber nicht rumkriegen. Es gäbe Unruhen, seit der jugoslawische Präsident Milosevic die Regierung der Provinz Kosova abgesetzt habe, erklärten sie mir. Die zehn Prozent Serben, die in Kosova lebten, spielten sich als Herren auf und die Albaner – neunzig Prozent – fühlten sich unterdrückt und hätten bereits eine geheime Befreiungsarmee aufgestellt.

Meine Eltern schienen mehr zu wissen als Stana. Ich verglich neunzig mit zehn und regte mich auf. Für mich gab es keinen Zweifel, wem das Land gehören sollte. Aber so einfach war es wohl nicht. Meine Eltern zeigten mir eine Karte und redeten von Politik – damals wurde mir noch nichts verheimlicht. Ich schaltete natürlich ab, Politik ging über meinen Horizont. Für mich zählte nur, dass Stana nach den Ferien zurückkam. Und als die Familie plötzlich nicht mehr nach Kosova reiste, fragte ich nicht lange, sondern begnügte mich mit Stanas Auskunft, ihr Onkel sei verschwunden und es gäbe Probleme. Genaueres wusste sie auch nicht. Aber sie war eine Weile traurig, was mich seltsam eifersüchtig machte – *ich* war heimlich froh darüber, dass sie hier bleiben musste. Wir hatten schöne Badeferien und kamen im Herbst aufs Gymnasium.

Von da an bestimmte die Schule unser Leben. Mit Unmengen von Hausaufgaben, über die wir stöhnten. Daneben aber auch mit der Klassengemeinschaft, mit netten Lehrern und fiesen Lehrern und der täglichen Spannung, ob man drankam oder nicht. Mittags ging Stana mit mir heim. Wir machten uns etwas zu essen, dann arbeiteten wir. Wenn ich nicht mehr wollte, sagte Stana: »Nix da, Mareike, nicht ablenken, jetzt kommt erst noch Mathe dran.« Oder Latein, Englisch, Physik, Hausaufsatz, Geschichte, Bio – das eben, wozu ich keine Lust mehr hatte. Stana war viel stärker als ich, das ist sicher. Und deshalb ist ihre heutige Situation völlig unfassbar.

Ich habe mich an meinem sechzehnten Geburtstag, der auf den letzten Sonntag im Januar 2004 fiel und den wir normalerweise zusammen gefeiert hätten, in meinem Zimmer eingesperrt und mir gewünscht, keinen Tag älter zu werden und niemals zu den Erwachsenen zu gehören. Erwachsene schießen aufeinander, werfen Bomben und machen die Welt kaputt. Und die, die das nicht tun, sind hilflos und haben Angst vor der Wahrheit. So viele Jahre hat man uns weisgemacht, die Schule sei das Wichtigste und sonst bräuchten wir uns um nichts zu kümmern; man hat uns, als wir elf waren, den Krieg in Kosova einfach verschwiegen – falls wir zufällig davon hörten, hieß er »Krieg in Jugoslawien«, und das sagte uns wenig. Man wollte uns keine Angst machen, wir sollten fröhlich blei-

ben und unbekümmert lernen, heißt es heute. Wozu, frage ich mich, für was, für welche Welt? Und dann die Mühe, die sich speziell die Haradinajs gegeben haben, mit Heimlichtuerei vor ihren Kindern und mit Lügen!
Die Wahrheit habe ich von einer Lehrerin erfahren, mit der ich ein paar Tage vor meinem Geburtstag im Bistro am Markt saß. Den Anfang hatte ich schon ungefähr gekannt: Als die vier Haradinaj-Kinder Babys waren, wurde ihr Vater von der Universität vertrieben wie andere Albaner auch. Er durfte nicht mehr unterrichten, der jugoslawische Präsident Milosevic wollte nur Serben als Lehrer haben. Herr Haradinaj war weggegangen, nach Deutschland. Seine Frau war unglücklich in der fremden Umgebung, sie vermisste die Verwandten und die muslimischen Bräuche, deshalb schickte er sie anfangs jeden Sommer nach Hause, zusammen mit den Kindern, die ihre Sippe kennen lernen sollten. Er selbst kam nicht mit – sein Land wollte ihn nicht an der Uni haben, also sollte es ganz auf ihn verzichten. Bei aller Verbitterung war Herr Haradinaj aber für die Kinder froh, dass er sie in ein freies Land gebracht hatte, wo sie gute Schulen besuchen und etwas werden konnten.
Sein Bruder, der Arzt war und auch nicht mehr arbeiten durfte, war in Kosova geblieben. Herr Haradinaj schickte ihm jeden Monat Geld, ohne zu wissen, dass der Bruder sich der geheimen Befreiungsarmee angeschlossen hatte

und das Geld in Waffen steckte. Er beteiligte sich an Überfällen auf die Serben, was Herr Haradinaj auf keinen Fall gewollt hätte, denn er glaubte nicht an Gewalt.
Den Bruder haben sie Serben geschnappt, er ist seitdem verschwunden, wahrscheinlich ist er tot.
Das Gut, Stanas friedlichster Platz auf Erden, wurde überwacht. Die Menschen dort hat man geschlagen und getreten, auch Stanas Großeltern. Sie lebten in der ständigen Angst, dass man sie töten würde. Das war im Jahr vor der Bombardierung, damals, als Stanas Mutter zum ersten Mal in den Ferien in Deutschland blieb. In Kosova gab es schon seit Jahren Gewalttaten auf beiden Seiten, Terror und Mord durch Albaner genauso wie durch Serben, aber in dem Jahr, es war 1998, ist die jugoslawische Armee einmarschiert und hat die albanische Befreiungsarmee angegriffen. Es kam richtig zum Krieg. Viele Menschen wurden getötet und noch mehr wurden vertrieben. Jetzt schauten die Westmächte – dazu gehören die USA, Frankreich, Großbritannien, Deutschland, Italien und viele weitere Staaten – endlich nicht mehr zu, sondern bemühten sich die Parteien zu versöhnen. Aber das gelang nicht, dafür war es zu spät. Daraufhin setzten sie im nächsten Frühjahr ihr Militär, die NATO, ein: Sie bombardierte die jugoslawische Armee in Kosova und wichtige Einrichtungen in Jugoslawien, um Präsident Milosevic zum Aufgeben zu zwingen. Weil sich die Serben unter

anderem das Landgut der geflüchteten Haradinajs als Stützpunkt für ihre Luftabwehr ausgesucht hatten, gibt es Stanas friedlichsten Platz auf Erden nicht mehr. NATO-Bomben haben ihn ausradiert.

Drei Jahre danach, wir waren vierzehn, Stana und ich, bereitete ihr Vater Stana auf etwas vor, das der Familie drohte, seit die NATO den Krieg mit Gewalt beendet hatte: Alle Kosovo-Albaner, die man bis jetzt in Deutschland geduldet hatte, müssten in ihr Land zurück, denn dort könnte ihnen nun nichts mehr passieren. Auslandstruppen sorgten dafür, dass der Friede gewahrt bliebe. Stanas Vater sagte, wenn er allein wäre, würde er sofort zurückkehren und helfen das Land wieder aufzubauen. Doch er habe vier Kinder, die in deutsche Schulen gingen, und er würde dafür kämpfen, dass sie ihre Chance kriegten, jawohl, das würde er tun.

Stana und ich, wir erschraken, beruhigten uns aber wieder, denn ihr Vater klang entschlossen und Kosova war weit weg. Wir lebten ein weiteres Jahr für die Schule und unsere Freundschaft und was da sonst noch war, obwohl wir natürlich den Abzug der anderen albanischen Familien miterlebten.

Doch Stanas Vater verlor den Kampf. Er bekam einen letzten Termin gesetzt. Wenn er jetzt nicht freiwillig mit seiner Familie Deutschland verlassen würde, hatte man ihm gesagt, dürften sie nie mehr wiederkommen, auch nicht zu Besuch. Der Boss von Stanas Vater, der Bauunternehmer, hatte schon alles versucht, denn er wollte seinen fleißigsten Arbeiter nicht verlieren, und damit hatte er auch den langen Aufschub bewirkt. Doch nun nützte das nichts mehr. Meine Klasse sammelte Unterschriften in der Schule; Stana war ziemlich beliebt, wir kriegten viele zusammen. Auch Rasim kam mit Unterschriften und für die Zwillinge hatten sogar ihre Lehrerin gesammelt. Insgesamt brachten wir Stanas Vater fast zweitausend Unterschriften von Leuten, die alle dafür waren, dass die Haradinaj-Kinder in Deutschland bleiben sollten. Aber die Behörde ließ nicht mit sich reden.

Stanas fünfzehnten Geburtstag haben wir noch zusammen gefeiert, wir beide ganz allein. Danach habe ich Stana nicht mehr wieder gesehen. Es war in den Osterferien 2003. Die Familie war noch mindestens eine Woche lang da, aber wenn ich läutete, hat mir niemand aufgemacht. Rasim hat mich einmal durch die Tür angebrüllt, und als ich nicht wegging, hörte ich Stana mit ganz fremder Stimme sagen: »Hau ab, Mareike.«

Ich begriff überhaupt nichts. Ich war wie vor den Kopf geschlagen. Was hatte ich getan, dass Stana sich nicht einmal von mir verabschieden wollte? Dass sie mir keine Adresse gab, überhaupt nichts?

Ich habe es erst ein Dreivierteljahr später erfahren.

Das Schuljahr überstand ich irgendwie, die Sommerferien verbrachte ich mit meinen Eltern in Kanada, was mich ein wenig ablenkte. Aber als die Schule wieder anfing, fehlte mir Stana. Sie fehlte mir furchtbar. Keine andere konnte ihren Platz einnehmen. Die Klasse war zuerst mitfühlend, verlor aber bald die Geduld mit mir und ließ mich links liegen.

Und dann kam ein Lebenszeichen, als ich schon nicht mehr damit rechnete. Nach den Weihnachtsferien rief mich die Lehrerin der Zwillinge an, die sich damals für die Unterschriftensammlung eingesetzt hatte. Sie war über Weihnachten nach Kosova gefahren, um die Familie Haradinaj zu suchen. Einfach so.

Ich traf mich mit ihr im Bistro am Markt und hatte Herzklopfen wie noch nie. Drei Stunden saßen wir vor einer Tasse Kaffee und redeten und redeten.

Also: Sie hat die Haradinajs gefunden und es geht ihnen schlecht. Sie haben sich in den Trümmern des zerstörten Landgutes eingerichtet, mit einem Behelfsdach über sich, ohne Wasser und Strom, zusammen mit all den Verwandten, die im Krieg nach Makedonien geflohen waren. Die Großeltern hatten die Flucht nicht überlebt.

Stanas Vater darf wieder arbeiten, aber das Geld reicht nirgendwohin. Stana, Rasim und die Zwillinge gehen in eine Schule, wo sie erst einmal albanisch lesen und schreiben lernen müssen. Stana hasst die Schule.

Sie hat einen Brief für mich mitgeschickt. Er ist extrem kurz und nicht nett – aber sie hätte ihn ja gar nicht schreiben müssen.

Hallo, Mareike,
mir geht's großartig, haha, und das ist schon alles, was ich noch auf Deutsch kann. Lass mal was hören.
Stana

Ihr Vater, sagte die Lehrerin, die mich haltlos weinen sah, ihr Vater wollte Stana das Weggehen aus Deutschland erleichtern. Er hat ihr deshalb verraten, wo mein Vater war, als die Bomben fielen und das Gut zerstört wurde. Mein Vater, wusste die Lehrerin, war in Italien, genau dort, wo die Angriffe geflogen wurden, in Piacenza. Mein Vater war Tornadoflieger und saß in einer der Maschinen, die mit Raketen bestückt im Tiefflug über das Land donnerten, um die serbische Luftabwehr auszuschalten.
Ich habe die Frau nur angestarrt. Das hatte ich nicht gewusst, ich hatte es wirklich nicht gewusst.
Und nun habe ich Stana auch einen Brief geschrieben. Ich meine, dass sie mir zuerst geschrieben hat, ist doch schon etwas. Sie hätte es bestimmt nicht getan, wenn sie glauben würde, dass ich schuld bin.
Über die Schuld kann ich sowieso grübeln, solange ich will – ich komme nicht dahinter.

Einsatz 177-03-14

Reinhold Ziegler

Ein ganz normaler Einsatz für Tom Kamka (21, ledig). Bevor er sich die Haare aus dem Gesicht streicht und den Helm aufsetzt, überfliegt er die Protokoll-Daten auf dem Zentralmonitor:

Einsatznummer:	177-03-14
Pilot:	T. Kamka
Ziel:	11° 42' 16" East
	47° 57' 34" North
Entfernung:	317,6 Meilen

Das wird keine große Sache. Bei Mach 1,8 wird er in weniger als siebzehn Minuten am Ziel sein.
Er schiebt den Sitz in die richtige Position, verriegelt den Verschluss seines Helmes und flucht. Gestern hat er sich beim Versuch, ein Schräubchen mit einem spitzen Messer einzudrehen, in den linken Daumen geschnitten. Der kleine Schnitt hat sich in der Nacht infiziert. Es brennt und jedes Mal, wenn er die Stelle berührt, sticht es wie mit einer Nadel. Aber deswegen einen Einsatz absagen? Auf keinen Fall! In Gedanken will er den Daumen in den Mund stecken, um die kleine Wunde ein wenig zu beru-

higen, aber das Visier des Helmes verdeckt sein ganzes Gesicht. Also schüttelt er die Hand nur kurz, als könnte er dadurch den Schmerz abschütteln, und fährt fort mit den Vorbereitungen seines Fluges.

Tausend Checkpunkte müssen auf der Liste abgehakt werden, hunderte von Sachen wollen bedacht sein.

Stimmt die Bewaffnung: zwei lasergesteuerte Luft-Boden-AGM-65-Maverick-Raketen und das 20-mm-Vulcan-MG.

Sind die Tanks ausreichend befüllt?

Liegt die aktuellste Wetterprognose vor?

Punkt für Punkt geht er die Liste durch, dann endlich ist es Zeit, das Triebwerk seiner F-16 C Fighting Falcon zu starten.

Mit seiner Einsatznummer 177-03-14 meldet sich Tom bei der Zentrale an, bekommt Sekunden später auf dem Monitor die Rollfreigabe. Er atmet noch einmal tief durch. Der Puls steigt jetzt, Adrenalin schießt durch seinen Körper, überdeckt den Schmerz in seinem Daumen. In weniger als einer Minute ist er auf Position gerollt, ein letzter Blick auf die Monitore und Instrumente, die Flugfreigabe der Einsatzleitung im Kopfhörer, schiebt er den Gashebel weit nach vorn und startet den Nachbrenner.

Zwölftausend Kilo Schub katapultieren seine Maschine nach vorne, ein paar Sekunden später schon zieht er den Steuerstick zu sich, die F-16 nimmt die Nase hoch und schießt in steilem Winkel in den abendlichen Himmel. Tom beschleunigt, bis er Mach 1,8 erreicht hat, dann schaltet er den Nachbrenner aus. Noch 278 Meilen/14' 22" Flugzeit zeigt ihm der Bordcomputer an. Tom atmet durch. Kaum ist der Stress des Starts vorüber, beginnt der Schnitt an seinem Daumen wieder zu schmerzen. Er zwingt sich zur Konzentration auf seine Flugdaten. Mit ihm sind noch zwei andere F-16 aufgestiegen, die er nun im Radar erkennt und identifiziert.

Mehr als zehn Minuten rast er in gerader Linie über die Wolkendecke, ohne dass etwas passiert. Bei dem Gedanken daran, dass es nett wäre, für diese Zeit der Langeweile eine Zigarette und eine Flasche Bier neben sich zu haben, muss er grinsen.

Dann sieht er links neben sich die zweite Falcon aufkommen. Der Pilot fliegt so dicht an ihn heran, dass er seinen hochgestreckten Daumen unter der Cockpitkuppel erkennen kann. Aber es bleibt keine Zeit, sich mit solchen Freundschaftsspielchen aufzuhalten, denn schon Sekunden später zeigt sein Radarschirm die Erfassung des Zieles an. Ein kleiner Panzerverband, die Zahl der Fahrzeuge ist bisher nicht identifiziert. Nahezu zeitgleich die Warnung der Bodeneinsatzzentrale, dass ihr Einsatz entdeckt ist und vor dreißig Sekunden feindliche Abfangjäger aufgestiegen sind.

Toms Puls schießt in die Höhe. Professionalität zeigt sich

vor allem in solchen Augenblicken. Die Reaktionszeit wird minimiert, das Herz wird zu Stahl, der Verstand scharf und schnell. Sein Ehrgeiz sticht ihn. Er will der Erste sein, der Feindkontakt aufnimmt. Er muss den Panzerverband attackieren, bevor die feindlichen Jäger da sind, muss seine beiden Mavericks ins Ziel lenken und den beiden Kameraden neben ihm die Gesamtzahl der übrigen Panzer melden, falls er ihnen überhaupt noch welche übrig lässt.

Ohne die Geschwindigkeit zu verringern, drückt er die Falcon nach unten, sticht wie ein Pfeil durch die Wolkendecke. Sollen seine Kameraden da oben noch ihre Aufklärungsschleifen drehen, diesmal wird er punkten. Er wird es sein, der die Trefferquote nach oben treibt.

Bodensicht! Mit einem Mal liegt die grüne Ebene offen vor ihm, in der bei diesem diffusen Licht die Panzer schwerer auszumachen sind als bei seinem letzten Einsatz in strahlender Sonne über Wüstenboden.

Er schaltet sein Infrarot-Detection-System (IDS) ein und erkennt, dass sich 7,8 Meilen vor ihm zwei Fahrzeuge befinden.

Sieben Meilen sind etwa zwanzig Sekunden Flugzeit, also vielleicht zehn Sekunden, bis er in die Reichweite der Bordkanonen gerät. Jetzt zeigt sich, ob jeder Griff sitzt, ob man in der Lage ist, das Geübte eiskalt und präzise abzuspulen. Sein Gehirn, seine Hände, seine Augen – sein ganzer Körper arbeitet zusammen wie ein perfekter Roboter.

Fast zeitgleich nimmt er den Schub zurück, bringt das Fadenkreuz der Zieleinrichtung in Deckung mit dem grünen Image auf dem IDS-Schirm, entriegelt die erste Maverick, feuert ohne Verzögerung und dreht Sekundenbruchteile später ab.

Fünfzehn Sekunden später ist die Trefferbestätigung da:

1 tank – 3 human targets

Sein ursprünglicher Plan war, zunächst wieder über die Wolkendecke zu steigen, um dem Sichtbereich der Bodenwaffen zu entgehen, aber dann hört er über Funk, dass die beiden anderen F-16 dort oben in Kämpfe mit den gegnerischen Abfangjägern verwickelt sind. Tom entscheidet sich blitzschnell für einen Angriff im Tiefflug. Er senkt das Tempo noch einmal und lässt sich bis auf hundert Fuß über Grund fallen.

Neben dem zerstörten Ziel war noch ein zweites Fahrzeug zu sehen gewesen und das will er sich jetzt mit der zweiten Maverick vorknöpfen, um sich danach so schnell wie möglich aus dem Staub zu machen.

Aber dann erkennt er auf seinem Monitor ein weitaus lohnenderes Ziel. 27 Grad in 22 Meilen Entfernung von der ausgemachten Zweiergruppe wird eine größere Stellung angezeigt, vielleicht ein Bunker. Trotzdem nimmt er Kurs auf sein ursprüngliches Ziel. Offensichtlich brennt der Panzer, denn ein gleißender Lichtpunkt überstrahlt den Monitor seines IDS-Gerätes. Eine kleine, bewaldete Kuppe liegt noch zwischen ihm und den Fahrzeugen. Er gleitet mit einem kleinen Hüpfer unmittelbar über den Baumkronen darüber, dann hat er Blickkontakt. Eines der Fahrzeuge steht in hellen Flammen, das andere bewegt sich und hat die Bordkanone direkt auf ihn gerichtet. Er schlägt einen Haken, hofft, dass er damit der gegnerischen Zielerfassung für einen Moment entgehen kann, da sieht er auch schon die ersten Geschosse durch den Himmel ziehen. In einer scharfen Kurve nähert er sich dem Panzer von der Seite. Freies Schussfeld, aber er hat den Ehrgeiz, seine zweite Maverick für den Bunker aufzusparen. Er entsichert sein 20-mm-MG, drückt die Nase der Falcon noch tiefer und nimmt mit zwei Salven den Panzer unter Beschuss. Zweimal eine Sekunde, das sind zweimal einhundert Schuss. Noch im Abdrehen sieht er die Einschläge unter sich, dann zerfetzt es das Fahrzeug in einer einzigen mächtigen Explosion.

2 tanks – 7 human targets

zeigt seine Trefferbestätigung. Das ist mehr, als er im ganzen letzten Einsatz erreicht hat. Aber Tom Kamka hat noch nicht genug. Er dreht die Falcon in Richtung des großen Zieles. 25 Meilen, gut eine Minute Zeit, um etwas durchzuatmen.

Da kommt die Meldung, dass es einen seiner Kameraden

da oben erwischt hat, einen Augenblick später sieht er die brennende F-16 auf dem Rücken durch die Wolkendecke trudeln. Er kann erkennen, dass der Schleudersitz nicht ausgelöst wurde.

Dumm gelaufen, schießt es ihm durch den Kopf und er hat Mühe, eine gewisse Befriedigung zu unterdrücken, weil er mal wieder das Richtige gemacht hat.

Sein Zielradar hat zum zweiten Mal die größere Stellung ausgemacht. Während der Annäherung kann er vier feindliche Fahrzeuge erkennen, die offensichtlich den Bunker schützen sollen.

Er meldet die Koordinaten der Stellung an die Einsatzzentrale und gibt bekannt, dass er den Bunker direkt mit der Maverick angreifen wird. Er fliegt jetzt so tief, dass schon ein Baukran oder ein Strommast eine tödliche Gefahr für ihn wäre. Sichtflug, die Augen starr nach vorne, Reaktionen im Millisekundenbereich, keine Zeit für Fehler. Schwerer Beschuss von vorne, aber so tief ist er kaum zu treffen. Er feuert die Mavericks ab und reißt dann fast senkrecht nach oben.

1 bunker – 2 tanks – 24 human targets

zeigt die Anzeige jetzt. Tom grinst. Plötzlich fängt sein Daumen wieder an zu schmerzen, die Wunde klopft ein wenig. Also schiebt er den Helm ein paar Zentimeter nach oben und steckt den Daumen durch den Schlitz in den Mund.

Mit der Rechten bedient er den Sidestick, drückt die Falcon mit der Nase nach unten. Noch hat er genügend Schuss im Vulcan-MG. Bei so einer Gelegenheit mit intakter Munition umdrehen hieße Chancen vertun.
Er nimmt sich erst den einen Panzer vor, dann den anderen.
1 bunker – 4 tanks – 32 human targets
Seine Trefferanzeige tickert nun wie das Zählwerk an einem Flipperautomaten.
Als er das dritte Mal wie ein Falke auf den Kampfschauplatz hinunterstößt, sieht er, wie feindliche Soldaten in Panik und zum Teil brennend den explodierten Bunker verlassen und versuchen sich in Sicherheit zu bringen. Sie besprühen sich mit Feuerlöschern und wälzen sich auf dem Boden, um die Flammen zu ersticken. Viele bleiben liegen.
1 bunker – 4 tanks – 47 human targets
Er ändert seine Taktik, dreht ab, drosselt noch einmal die Geschwindigkeit und segelt dann in extremem Langsamflug heran. Wie die Hasen rennen sie auseinander, als sie ihn herankommen sehen. Er hält den Finger auf dem Auslöser, lässt die M-61-Vulcan ihre 20-mm-Garben breitflächig verteilen. Erst als die *human targets* über hundert stehen, dreht er ab.
Mit den paar Schuss, die er noch hat, kann er keine *humans* mehr erwischen, aber vielleicht gelingt es ihm

noch, einen der beiden Tanks zu knacken. Noch ein letztes Mal zieht er nach oben, wendet, lässt die Falcon im Sturzflug nach unten schießen.

Da, ohne dass er sich dessen bewusst ist, schiebt er mitten im Angriff wieder seinen Helm ein Stück hoch, um seinen schmerzenden Daumen zu kühlen. Dadurch ist ihm für einen Augenblick die Sicht genommen, und als er Bruchteile später die auf ihn zufliegende Boden-Luft-Rakete identifiziert, die einer der Panzer auf ihn abgeschossen hat, ist es zu spät.

Wie in Zeitlupe sieht er das Geschoss von schräg unten auf sich zukommen. Auch sein Herumreißen kann nicht verhindern, dass es ihn am rechten Flügel erwischt, der Zusatztank wird abgerissen und geht zum Glück erst kurz hinter ihm in Flammen auf.

Aber die Steuerhydraulik der Maschine ist beschädigt. Er versucht noch irgendwie den Vogel hochzureißen, aber zwecklos. Kurz vor dem Aufschlag löst er den Schleudersitz aus.

0 bunker – 0 tanks – 0 human targets

zeigt sein Zähler jetzt. So sind die Regeln: Wer aussteigt, bekommt keine Punkte. Und der Komiker da oben, der sich die ganze Zeit mit den feindlichen Jägern gekabbelt hat, kehrt jetzt als Sieger heim.

Tom reißt sich frustriert den Helm vom Kopf und schmeißt ihn in die Ecke.

»Scheißspiel!«, schreit er und kann sich nur mit Mühe beherrschen, nicht in seinen teuren Computer zu treten. Er kappt die Internetverbindung und fährt den Rechner runter.

Es ist kurz vor neun, sein verdammter Daumen schmerzt und er hat noch nichts zu Abend gegessen.

»Scheißspiel! Scheißinternet!«, sagt er noch einmal und steckt seinen pochenden Daumen in den Mund, um ein wenig daran zu lutschen.

The Catcher in the Rye

Juli Zeh

»*Sie haben Glück*. Es gibt wieder Züge zwischen Zagreb und Sarajevo«, lautet das Ergebnis einer zehnminütigen Verhandlung, während der ich mich mit dem Mann hinter der Glasscheibe auf einen Grundstock an gemeinsamen Handbewegungen und Vokabeln geeinigt habe. Nur weil man am internationalen Reiseschalter arbeitet, muss man noch lange nicht Englisch können.

Ist ja toll. Und wann fährt die Bahn?

»In zwei Wochen. Wenn die Linie wieder in Betrieb genommen wird.«

Nein, sonst gibt es keine Züge in Bosnien. Warum?

Man fährt halt hin. Wo soll das Problem sein.

Im Rucksack befindet sich alles, was ich wegen der Hitze nicht am Leib tragen kann, dazu ein halber Sack Hundefutter plus Napf, Turnschuhe, Bücher, Walkman und noch vieles mehr, an das ich mich nicht erinnere. Ameisen können das Doppelte ihres Körpergewichts mit sich tragen, aber die haben eine andere Technik.

Zwei Stunden schon beobachte ich das Treiben am Busbahnhof. Ich habe noch nie einen Bankraub geplant,

aber gewisse Dinge lernt man in Sekunden, wenn es sein muss.
Der Mann hinter der Glasscheibe war sich seiner Sache sicher: Hunde sind in Autobussen nicht erlaubt. Auch nicht mit Leine. Auch nicht der beste Hund der Welt, nicht mit Maulkorb, gefesselt, geknebelt oder betäubt. Vielleicht könnte er im Gepäckraum reisen, am besten in einer Tasche. Wenn der Fahrer einverstanden ist.
Ich hatte Lust auf eine international verständliche Handbewegung.
Dem Fahrer des ersten Busses habe ich Geld geboten. Erst fünfzig Prozent des Fahrpreises, dann hundert, dann zweihundert, es blieb bei Nein. Das also bedeutet »Probleme mit der Korruption«.

Zwei Frauen nähern sich, Zigaretten zwischen den Fingern, die sie mit schnellen Bewegungen an den Mund führen und ersetzen, sobald sie ausgeraucht sind. Ich muss entscheiden, in welche der beiden angebotenen Schachteln ich greife.
Ob ich Soba brauche, ein Zimmer? Nein, ich brauche ein Wunder, um den Hund und mich nach Sarajevo zu bringen.
Die Frauen lächeln mit dunklen Zahnreihen voller Lücken und streicheln den Hund, der mit dem Leben abgeschlossen hat. Weit und breit nichts als Abgase und Asphalt.

Schnell beschließe ich die Entstehung einer neuen Sprache: das Endepol. Es besteht aus zehn englischen, hundert deutschen und einer Menge polnischer Wörter und kommt fast ohne Grammatik aus. Es gibt nur eine Zeit, die Gegenwart, und keine Personen. Dafür zeigende Bewegungen auf mich selbst, den Hund und den Autobus.

Ich erkläre meinen Plan, fuchtele mit den Armen und könnte ohne weiteres eine Skizze zeichnen, mit gestrichelten Linien und Richtungspfeilen. Die beiden Frauen wollen eine Rolle.

»Das ist ein Scheißland«, sagen sie. »Wo man es verarschen kann, soll man es verarschen.«

Das lasse ich offen und ernenne sie zu Rucksackbewacherinnen.

Als der Bus vorfährt mit dem Sarajevo-Schild auf der Stirn, sind wir in Position. Der Hund schlecht versteckt hinter meinem Gepäck, flankiert von den rauchenden Damen, die andauernd lachen, was ich ein bisschen auffällig finde. Der erste Fahrer geht pinkeln, der zweite bückt sich zum Verladen der Koffer und verschwindet halb im Bauch des Busses. Das ist der Moment. Ich zerre den Hund zur offenen Vordertür und springe die teppichbeklebten Stufen hinauf. Ein paar andere Fahrgäste beobachten mich, ich lächele, damit sie nicht petzen. Über den Mittelgang rennen wir nach hinten. Der Hund legt sich auf die Seite und lässt sich an den Pfoten unter die Sitzbank schieben, es klappt, als hätten wir nie etwas anderes gemacht. Wenn er in dieser Haltung die Fahrt überlebt, muss er unsterblich sein.

Draußen klatschen die Damen in die Hände und lassen den Rucksack verladen. Während die anderen Passanten einsteigen, tanzen sie mit hochgereckten Daumen vor meinem Fenster. Ich verteile Kusshände und Siegeszeichen und fürchte, dass die Fahrer Verdacht schöpfen bei dem Spektakel. Als der Bus anrollt, habe ich schon zwanzig Minuten lang das Atmen vergessen. Ich schaue mich um und bemerke das zarte Lächeln und Nicken einiger Mitreisender. Anscheinend hält man zusammen gegen jede Art von Obrigkeit.

Hinten auf der letzten Bank, wo bei Schulfahrten die Klassenelite saß, ist das Brummen des Motors von Halswirbel bis Unterschenkel im ganzen Körper zu spüren. Der Hund atmet flach, er hat keinen Platz, um tief Luft zu holen. Lange sitze ich vornübergebeugt und halte eine Pfote. Ich kenne ihn seit acht Jahren und bin immer wieder erstaunt, wie hart er im Nehmen ist. Ich würde auch für ihn unter der Sitzbank reisen, und die Vorstellung, er könnte das nicht wissen, schmerzt wie Heimweh.

Eine Weile freue ich mich daran, dass ganz Kroatien nach Waschpulver riecht, und betrachte glücklich die dazugehörende, weiß flatternde Wäsche in den Gärten am Straßenrand. Bis ich zwei Reihen weiter vorn zwischen den Füßen einer Frau die Familienpackung Ariel bemerke.

Mein Plan hatte einen Fehler: Er sah keine Zeit zum Einkaufen von Proviant oder Aufsuchen der Toilette vor. Der Bus hält, ich will den Hund nicht allein lassen und bleibe als Einzige sitzen, ganz hinten in meiner Ecke. Mir ist klar, dass ich nicht durchhalten werde bis zum Ende der Fahrt. Meine Blase fühlt sich hart und rund an wie ein Stein, und es ist nur noch eine Frage der Zeit, bis die Buckelpisten beginnen.

Vor mir liest einer »The Catcher in the Rye«. Ich lasse das Endepol gleich beiseite und frage auf Englisch.
Seine Berechnungen ergeben, dass wir etwa ein Elftel der Strecke bewältigt haben. Er legt das Buch zur Seite und setzt sich zu mir. Kaum hat er erfahren, wo ich herkomme, wechselt er ins Deutsche.
»Wieso quatschst du mich denn auf Englisch an?«
Ja, wieso eigentlich. Als Deutsche bin ich gewöhnt, im Ausland leise zu sprechen. Oder Englisch.
Und woher er so gut Deutsch könnte? Er grinst, woher

wohl, saudoofe Frage. Gut, dass ich schon rot bin von der Hitze.
Dario hat seinen Namen vom italienischen Gewinner der Europameisterschaft im Kanufahren, die vor zweiundzwanzig Jahren in Jajce ausgetragen wurden. Damit ist er noch jünger als mein kleiner Bruder, der für mich immer der jüngste Mensch der Welt gewesen ist. Von Jajce habe ich noch nie gehört. Nicht weiter schlimm, war bloß die Hauptstadt Bosniens bis zur Eroberung durch das Osmanische Reich. Vielleicht hätte ich es doch ausleihen sollen, das Buch über Bosnien im Mittelalter. Ich starre Dario an wie einen Außerirdischen. Mein erster Bosnier, mein erster echter Bosnier. Er sieht gut aus.
Beim nächsten Halt kann ich nicht mehr und bitte ihn, kurz auf den Hund aufzupassen. Er bückt sich, um unter die Sitzbank zu sehen, und taucht lachend und kopfschüttelnd wieder auf.
»Was wollt ihr hier, zum Teufel?«
Die Frage wird mir auffällig oft gestellt, meistens von mir selbst. Es ist höchste Zeit, mir eine kurze, prägnante Antwort zurechtzulegen.

Je weiter wir uns der Grenze nähern, desto unentschiedener wird das Gelände. Die struppigen Felder sind sich nicht im Klaren darüber, was auf ihnen wächst, und die Sonnenblumen schauen in alle Himmelsrichtungen, als könnten sie nicht erkennen, wo das Licht herkommt. Die Autobahn endet, es beginnt, zu ruckeln und zu schütteln wie in einem Pferdekarren, ohne dass es in der Abfolge von Stößen zu Wiederholungen käme. Straße und Bus sind erfinderisch wie die Zahl Pi persönlich.

»Mach einfach, was sie sagen.«
Dario schubst mich vor sich her, mir bleibt kaum Zeit, den Hund anzuflehen, dass er ruhig liegen bleibt. Sie lassen uns das Gepäck ausladen und zu einem Campingtisch tragen. Der Bus entfernt sich, leer bis auf einen Fahrer. Und bis auf meinen Hund. Die Hitze hätte schon ausgereicht, um mich in Schweiß zu baden, ich spüre Darios Hand glitschig an meinem Unterarm. Gerade als ich ihn abschütteln und dem Bus hinterhersprinten will, hält dieser an, noch in Sichtweite. Zwei Uniformierte mit Taschenlampen steigen ein. Mein Herz hat Fäuste bekommen und trommelt damit von innen gegen die Wand. Jemand flüstert »Abwarten, erst mal abwarten« in mein Ohr.
Die beiden Männer steigen wieder aus. Sie haben ihn nicht gefunden. Oder sich nicht für ihn interessiert. Wäre ich eine Sonnenblume, ich hätte keine Ahnung, wo das Licht herkommt.

Bei den ersten zerstörten Häusern, die als Geröllhaufen in den Feldern sitzen, denke ich an einen Steinbeißer, der das

Gebiet durchwandert und seinen Kot hinterlassen hat. Dann denke ich an den Zahn der Zeit und daran, dass alles mal kaputtgeht. Als wir an einer katholischen Kirche vorbeifahren, die mit zerrissenen Betonwänden aussieht wie ein kaputter Karton und deren Turm, waagerecht abgeknickt, bis fast in die Straße ragt, höre ich auf mit dem Unsinn.

In Folge sehe ich:

die Knubbeldächer einer orthodoxen Kirche, von Kunstlicht angestrahlt trotz der Nachmittagssonne. Leere Denkmalsockel. Sattelschlepper voller Melonen am Straßenrand, jede groß wie ein Globus und das Stück zu achtzig Pfennig.

Das Hotel »Milka«, ganz lila und mit typischem Schriftzug. Daneben eine Milka-Tankstelle, deren Benzinpreise mit weißer Schnörkelschrift auf lilafarbenem Untergrund angegeben sind.

Ich verstehe nicht ganz. Die anderen Ausländer sind aus Aachen, ich sehe es an den Kennzeichen. Schilder mit Pfeilen bieten Dinge zum Verkauf, die kein vernünftiger Mensch geschenkt haben will. Eine junge, gut gekleidete Frau gibt einem schweißnassen Pferd mit Heuwagen etwas von der flachen Hand. Etwa hundert Fragen will ich Dario stellen und bringe nicht eine über die Lippen. Er erzählt von Berlin, wo er gerade zu Besuch war, und von

seiner Entscheidung damals, mit den Eltern nach Jajce zurückzukehren, anstatt die Schule in Deutschland abzuschließen.
»Der Krieg«, sagt er gerade, »raubt dir die Kindheit. Heute bin ich ein großes Baby. Völlig kindisch. Das darf dich nicht stören.«
Als er aufsteht, um etwas aus seiner Tasche zu holen, sehe ich, dass er mindestens ein Meter neunzig groß ist.
»Ich habe noch nie jemanden gesehen«, sagt er, »der so leuchtend blaue Augen hat wie du.«

Falls aus mir sonst nichts wird im Leben, kann ich Kurse anbieten: »Hakenkreuze zeichnen – jetzt auch richtig rum«. Und die Fortgeschrittenen lernen, dass man »NATO« mit vier Großbuchstaben schreibt.

Über mehrere hundert Meter erstreckt sich die wilde Müllkippe, von Bebauung kann keine Rede mehr sein.
»Das ist die Grenze«, sagt Dario, aber zwischen was und was? Gerade noch sehe ich das Schild vorbeiflitzen: Auf Wiedersehen in der Republika Srpska. Nach ein paar Minuten gibt es wieder Felder. Von Melonen keine Spur.

»Also dann.«
Der Bus steht, das ist Jajce, aber müssen wir nicht erst durch Banja Luka? Da waren wir vor anderthalb Stunden.

Dario zögert. Wie weit es noch bis Sarajevo ist, frage ich, sehr weit, sagt er, noch mal so weit. Sarajevo, da bin ich sicher, gibt es nicht. Jajce sehe ich durchs Fenster. Spatz in der Hand, denke ich und stehe auf. Im ersten Moment kann der Hund nur taumeln, dann wird er wach und folgt mir durch den Mittelgang, die Fahrgäste raunen, wir springen raus, der Busfahrer ruft mir etwas hinterher, das ich nicht verstehe, und Dario hat meinen Rucksack schon ausgeladen.
Meine Füße, tastend beim ersten Kontakt mit bosnischem Boden: Alles klar. Trägt.

Stadt der Eierschalen

Das Plätschern des türkisfarbenen Wassers ist in meinen Ohren schon Sirenengesang. Alle guten Vorsätze im Kopf, versage ich bei erster Gelegenheit. Gelbe Plastikbänder, die aussehen wie Absperrungen an einer Baustelle, sehe ich nicht, aber die sind nicht überall, wo sie sein sollten, und, wie auch immer, die befestigte Straße darf nicht verlassen werden. Niemals.
Ein seltsames Gefühl, diese ersten Schritte auf möglichem Minenfeld, die Beinmuskeln reagieren mit Verspätung. Als könnte das helfen, taste ich mich mit den Fußspitzen vorwärts wie über dünnes Eis, bis mir auffällt,

dass das Gras gemäht ist. Eine Weile denke ich über die Bauweise von Rasenmähern nach, ob sie beim Drüberrollen alles zum Detonieren brächten. Eins ist klar: Ich kann nicht die gesamte Reise auf Asphalt verbringen, das Land

gen durchqueren wie einen tückischen

en Hund frei, er startet durch und ist

Fluss. Wir sind hier und es ist, wie es

quer über die Weise gestiefelt: »Schön

in Scheißnest. Allein der Name: »Jaje«

etwas von Neuanfang, von Keimzel-

der so.

l aus Eierschalen gestoßen«, sagt er.

ls es die alten Häuser noch gab.«

t: Die Eltern sind übers Wochenen-

ren, andernfalls wäre ich mit dem

nung gekommen. Mir ist das unan-

uche ich erst mal einen Kaffee.

osnische Kultur. Schuhe aus und vor der Tür lassen, raunzt er mich an. Die dicken Teppiche sind angenehm unter den Fußsohlen. Das Kaffeepulver ist mit an die Adria gefahren, wir trinken das sauberste Wasser Europas aus der Leitung. Seit die Fabriken kaputt sind,

SORGENPUEPPCHEN AUS GUATEMALA

Einer Überlieferung zufolge erzählen die Kinder in Guatemala den kleinen Pueppchenen ihre Sorgen, bevor sie ins Bett gehen (höchstens eine Sorge pro Puppe). Danach legen sie die Pueppchen unter Ihr Kopfkissen. Wenn sie am nächsten Morgen erwachen, haben die Pueppchen Ihnen Ihre Sorgen genommen.

ist alles voller Forellen und trinken kann man direkt aus den Flüssen.

Wenn man's weiß, erkennt man die mittelalterliche Form des Marktplatzes, die von kommunistischen Flachbauten nachgezeichnet wird. Um an Darios Arm entlang irgendwohin zu schauen, muss ich mich auf eine kleine Mauer stellen, auf einen Stein oder umgedrehten Eimer. Da unten liegen die Reste des Hauses seiner Familie, mit bloßem Auge schwer auszumachen. Sie haben es nicht nur mit Granaten zerschossen, sondern später noch gesprengt. Von Hand. »So gründlich waren sie bei uns.« Wir kommen mühsam voran, weil Dario alle zehn Meter einen Bekannten begrüßen muss. Und zu jedem Kieselstein gibt es eine Geschichte.

»Und die Menschen?«
»Was für Menschen?«
Ja. Eben, irgendwie. Ich beiße die Zähne zusammen. »Hast du ein Problem mit, sagen wir, zum Beispiel Serben?«
»Ich hab mit niemandem ein Problem. Es gibt Leute, die reden nicht mehr miteinander, aber das sind nicht viele.« Außer mit den Bauern, fällt ihm ein, mit denen gibt es ein Problem. Sie sind von den Feldern in die Städte gekommen und haben sich genommen, was sie schon immer wollten. Viele sind stinkreich geworden und deshalb hat

es ihn gegeben, den Krieg. Er zeigt auf zwei Lebensmittelläden und ein Café.
»Der Typ, dem die gehören«, sagt er, »hat vor zehn Jahren noch Mais angebaut.«

Irgendetwas hat er mit meinen Augen. Er schaut nicht hinein, er schaut sie an, betrachtet sie wie etwas Lebloses, wie zwei interessant geformte Steine, und dass es die schönsten Augen der Welt seien, hat er den Nachmittag lang wiederholt. Am Anfang hielt ich es für Schmeichelei. Inzwischen vermute ich eine Obsession.
»Deine Augen lachen«, sagt er, »auch wenn du ernst bist.«
Über meinen Gesichtsausdruck habe ich immer nur gehört, ich solle nicht grimmig schauen, und das, während ich bloß dasaß und nachdachte.
Ab und zu steht er auf, um mich von der Seite und von hinten anzusehen. Auch ich stehe ab und zu auf, um nach dem Hund zu schauen, der außerhalb der Terrasse auf der Wiese warten muss. Wenn jemand mit Hund ein Restaurant betreten will, sagt Dario, weiß man sofort: Das ist ein Deutscher.
Oder wenn jemand davon ausgeht, es habe sich auf dem Balkan um einen Krieg aus Völkerhass gehandelt.

Uns trennen vier Forellen, zwei Platten in Öl gebratener Kartoffelscheiben und ein paar Schüsselchen mit verschiedenen Salaten, die über den Rand des Tisches zu kippen drohen. Der Kellner ist wie jeder in Jajce außer den Bauern ein alter Freund von Dario. Er heißt »Svemir«, was »Universum« bedeutet, und behandelt uns vorzüglich. Der Mond beendet seinen Klimmzug am oberen Rand des Bergkessels, er ist vollkommen rund, ein in den Himmel gestanztes Loch, durch das die dahinter liegende Lichtmenge schimmert. Ich freue mich, ein schönes Startlicht. Tief im schwarzen See liegt ein zweiter Vollmond bereit, der in einem Monat aufgehen wird. Zum Ende meiner Reise.

Berlin hat sich in fünf Jahren gar nicht verändert und im Vergleich zu Bosnien mag das stimmen. Dario hat seine ehemalige Basketballmannschaft besucht, seine Exfreundin, die fast genauso heißt wie ich, und seinen früheren Deutschlehrer.

»Es ist kaum zu verstehen«, sagt er, »dass Berlin und Jajce die ganze Zeit auf demselben Planeten existieren. Gleichzeitig, nicht abwechselnd.«

Das Problem kenne ich. Spätestens seit wir hier sitzen, kommt mir die Existenz von etwas wie Leipzig fragwürdig vor. Wir essen mit einer Hand, mit der anderen schlagen wir Mücken tot.

Als ich etwas Nettes über Jajce sage, will Dario wissen, ob ich ihn verarsche. Von dem Geld, das er als Fahrer beim

UNHCR verdient, leben auch seine Eltern, und so schafft er es, seine Rückkehr nach Bosnien nicht zu bereuen. Ich schlucke einen Satz herunter, der mit »Du könntest doch« anfängt, und verbiete meinem Kopf für alles eine Lösung finden zu wollen. Ich höre zu, verschlinge mein Essen und sammele Fischhäute für den Hund.

Leider, sagt Universum, ist das Boot des Restaurants voll Wasser, sonst könnten wir rausfahren. Stattdessen setzen wir uns an den See und öffnen die zweite Flasche Wein. Als Dario wieder von meinen Augen anfängt, lenke ich vom Thema ab und frage, ob er Geschwister hat.
»Gehabt«, sagt er. »Eine Schwester, sechs Jahre älter. Wie du.«
»Jahrgang vierundsiebzig«, sage ich, als ob das eine Rolle spielte.
»Ja, ja«, sagt er. »Vierundsiebzig.«
Wir lauschen eine Weile der Partymusik, die vom anderen Ufer herüberdringt.
»Die haben keinen Stil«, sagt Dario. »Das sind die Bauern.«
»Warst du hier«, frage ich, »als sie kamen?«
»Sicher«, sagt er. »Jajce war schon ein halbes Jahr unter Belagerung. Ich saß im Treppenhaus und durch die Einschusslöcher in der Wand hörte ich, wie sie sich draußen vor dem Haus unterhielten. Ich hörte ihre Stiefel und was sie planten. Es war ein schlechter Moment.«

Wir schweigen lange, anfangs wegen der schlechten Momente, dann auch, weil das Wasser so schwarz ist und der Berg dahinter noch schwärzer.

»*Mach doch mal die Augen auf.* Du bist ja müde.«
Und mir ist kalt. Der Hund schnarcht leise hinter uns und zittert im Schlaf.
»Weißt du, was ich mir am meisten wünsche?«
Er sagt es mir und ich gebe ohne Zögern mein Wort. Für die schlechten Momente, seine und meine und die der ganzen Welt.

Schon wieder vergesse ich die Schuhe auszuziehen. Ich warte mitten im Wohnzimmer, während Dario im Schrank zu kramen beginnt. Er reicht mir eine Lederjacke, dreiviertellang, tailliert, mit Gürtel. Sie passt wie angegossen.
»Stell dich ans Fenster, schau über die Stadt. Zünde eine deiner Zigaretten an. Die Asche wirfst du auf den Teppich.«
Ich wüsste gern, wie sie hieß. Ich rauche. Der Himmel ist weißlich vor Sternen. Es ist vollkommen still. Ich höre den gleichmäßigen Atem vom Hund, meinen eigenen Herzschlag und wie Dario, am anderen Ende des Raums, ab und zu leise die Nase hochzieht.
Als die Zigarette heruntergebrannt ist, richtet er mir ein Bett auf der Couch.

»Schlaf«, sagt er, »so tief und sicher, als könnte dir nie im Leben etwas passieren.«

Ich liege, wie versprochen, mit Jacke unter der Bettdecke und kann lange nicht einschlafen, weil das Leder bei jedem Atemzug knirscht.

Der Wettlauf

Sigrid Laube

Der Panzer rasselte über die Straße oder über das, was von der Straße übrig geblieben war. Staub lag überall, segelte durch die Luft und verdeckte die Sonne wie Nebel.
Ahmed suchte nach einem neuen Stein. Er bückte sich, vor ihm lagen scharfkantige Zementbrocken und Felstrümmer, die einen grau, die anderen sandfarben. Er wog einen Brocken in der Hand. Der war ebenmäßig geformt und würde gut fliegen.
Eine Sirene tönte, sie kam näher, weiter hinten blitzte eine Alarmleuchte irrwitzig und verlor sich im Licht des Vormittags. Noch war es nicht so heiß wie sonst, doch die Hitze lauerte irgendwo oben am weißen Himmel und würde sich bald wie ein glühender Deckel über die Stadt senken.
»Schweinehunde«, murmelte Ahmed, dann schrie er mit überkippender Stimme: »Hurensöhne, elendige!«, und warf den Stein. Der zog eine ruhige Kurve, knallte scheppernd gegen die Ketten des Panzers, prallte ab und verlor sich im Straßengraben. Langsam drehte sich das Rohr, bis es auf die Jungenbande zielte. Ahmed blickte in die Mündung, sie war wie ein großes, dumpfes Auge.

»Die trauen sich ohnehin nicht, auf uns zu schießen. Wenn wir tot sind, ist das schlecht für die Presse!«, rief Said. Auch seine Stimme klang erregt, schriller als sonst.
»In der Hölle braten sollen sie, bis zum Tag des Jüngsten Gerichts«, brüllte Ahmed und griff nach einem Ziegelstein. Davon gab es viele auf der Straße, seit die israelischen Soldaten wieder einen Vergeltungsschlag gegen palästinensische Kämpfer durchgeführt hatten. Die Häuserfronten waren blind, Glassplitter staken in Fensterrahmen, Löcher klafften in den Dächern und Risse in den Mauern der Häuser.
Großmutter hatte alle Heiligen um Hilfe angerufen und alle guten Geister, derer sie sich erinnern konnte noch dazu, doch es nützte nichts, Haus und Garten von Ahmeds Familie hatten einen Treffer abbekommen. Der Feigenbaum war umgeschossen, die Tür aus den Angeln gesprungen, der Balkon hing schief. Und Ahmed hatte kalte Wut im Bauch. Da passte es gut, dass eine Gruppe von Jugendlichen sich regelmäßig traf, um Fahrzeuge und Wachen zu beschimpfen, sie mit Steinen zu bewerfen. Man musste sich nur dazugesellen, einen kräftigen Arm und ein lautes Mundwerk haben.
Ahmed klopfte sich die Hände an der Hose ab und blickte sich nach Said um. Zusammen konnten sie vielleicht eine kleine Barrikade errichten. Said kauerte hinter einem Mäuerchen und warf Sandbomben auf ein Einsatzfahr-

zeug. Die gefüllten Säcke klatschen gegen die Windschutzscheiben und nahmen den Fahrern die Sicht. Said fand das wunderbar.

Ahmed fuhr sich mit dem Ärmel über die Nase, dann musste er husten. Das Rohr war noch immer auf ihn gerichtet, zumindest schien es ihm so. Der Deckel des Fahrerhäuschens stand offen, man konnte die Köpfe der Soldaten sehen, ihre Helme und Schutzbrillen. Das Ganze hatte etwas von einem Horrorfilm und Angst regte sich irgendwo in Ahmeds Körper. Der Film spielte nicht im Fernsehen, im Wohnzimmer, das nun zerschossen war, sondern wenige Meter vor ihm, und das Happyend war auf einmal nicht mehr so sicher.

»Mach schon, Ahmed, sei kein lahmer Esel!«, rief Said ihm zu und füllte den nächsten Plastiksack mit Sand. Die anderen Jungen sprangen vor dem Panzer auf und ab, führten ein absurdes, herausforderndes Ballett auf.

Ahmed würgte, fand plötzlich das Atmen schwer und sah wieder in das tote Schwarz der Kanonenrohrmündung. Sie schien immer größer zu werden, Ketten schepperten über den Boden, der Panzer kam näher.

Ahmed dachte an Großmutter, an Vater, der im Gefängnis saß, dachte an Aischa, seine Schwester, und begann zu laufen, die Straße entlang, den Soldaten, dem Panzer, dem Rohr davon.

»Gestern, als ich meinen Bruder besuchte, sah ich dich laufen«, sagte Herr Ben Ali, der Turnlehrer, streng. »Du hattest es ziemlich eilig, wenn mich nicht alles täuscht.«
Ahmed senkte den Kopf und sah auf den Boden, der staubig war. Der Staub glänzte im heißen Sonnenlicht. Wo war es eigentlich nicht staubig in dieser verdammten Stadt und wo brannte die Sonne nicht wie ein wild gewordener Lötkolben hin? Er wischte sich den Schweiß von der Stirn und schwieg.
»Du kannst sehr ordentlich laufen, hast eine gute, natürliche Technik, wenn es drauf ankommt, habe ich bemerkt«, fuhr der Turnlehrer fort.
Said stieß seinen Freund in die Rippen. »Das ist ein Kompliment«, flüsterte er ermutigend. Doch Ahmed kam es nicht so vor.
»Said kann gut zielen, wie mir scheint«, sprach Herr Ben Ali weiter. Er hatte das Kinn in die Hand gestützt, sah seine Schüler stirnrunzelnd an. »Die Israelis können auch verdammt gut zielen. Ich hoffe, euch ist das bewusst.« Seine Stimme war lauter geworden. »Seid ihr von allen guten Geistern verlassen, dass ihr euch auf unsinnige Straßenkämpfe einlasst? Die können euch Kopf und Kragen kosten!«
»Irgendjemand muss denen doch zeigen, dass es so nicht weitergeht!«, fuhr Said trotzig auf.
»Hast du schon einmal erlebt, dass man Probleme mit

Steinwürfen, Flüchen und Sandbomben aus dem Weg räumt?«, fragte Herr Ben Ali zurück. Er schüttelte den Kopf. »Hat euch der Allmächtige kein Hirn zum Denken gegeben? Fällt euch denn nichts anderes ein als nackte, dumme Brutalität?«

»Das ist nicht Brutalität, das ist der Mut der Verzweiflung«, widersprach Ahmed. »Unser Haus ist fast nicht mehr bewohnbar und unsere Nachbarn haben ihre Tochter verloren. Da gibt es nicht mehr viel zu denken.« Er trat von einem Fuß auf den anderen.

»Mut ist manchmal dumm«, meinte der Turnlehrer kurz. »Ich sollte euch dem Herrn Schuldirektor melden. Ihr wisst so gut wie ich, dass Straßenraufereien verboten sind. Unsere Schüler machen so was nicht. Oder habt ihr das vergessen, weil eure Hirnchen schlapp sind? Und dass so eine Meldung einen schnellen Rausschmiss bedeutet, daran habt ihr wohl auch nicht gedacht?«

Ahmed räusperte sich beklommen. Die Mauern der Schule waren noch intakt, das Dach auch, die Lehrer in Ordnung und das Mittagessen in der Kantine erträglich. Er mochte seine Schule und den brummigen Herrn Ben Ali mochte er auch.

»Es tut mir Leid«, murmelte er.

»Entschuldigungen haben keinen Sinn. Du hättest dir das vorher überlegen sollen«, schnappte der Turnlehrer. »Morgen spreche ich mit dem Direktor.« Seine Augen verengten sich, er machte einen Schritt nach vorn. »Es sei denn . . .«

»Es sei denn . . . was?«, fragte Said hoffnungsvoll. »Sollen wir den Schulhof kehren oder die Küche sauber machen?«

»Gute Idee«, grübelte Herr Ben Ali. »Du bist fürs Küchenputzen sicher besonders begabt, so ordentlich, wie du angeblich deine Hefte hältst.«

Es klang ironisch. Ahmed wischte sich den Schweiß von der Stirn. »Wir haben die Schule blamiert, nicht wahr?«, fragte er kleinlaut.

»Ihr habt gegen Regeln verstoßen, seid erwischt worden und habt euer Gesicht verloren.« Der Lehrer nahm Ahmed bei den Schultern und schüttelte ihn. »Aug um Aug, Zahn um Zahn, die Zeiten sind vorbei. Ihr seid jung und nicht dumm. Von euch kann man sich doch mal etwas anderes erwarten als das ewige Dreinprügeln. Gefährlich war eure Aktion obendrein.«

»Aber spannend und sportlich auch«, meinte Said. Er grinste schief.

»Diese Sorte Sport könnt ihr euch sparen. Doch zurück zu meiner Idee. Im nächsten Trimester findet ein Wettlauf statt. Er wird von einigen Schulen organisiert, damit Schüler aus verschiedenen Gebieten einander kennen und schätzen lernen. Viele Teilnehmer kommen sogar aus dem Ausland, um mitzulaufen. Ich könnte euch in meinem Team gebrauchen, mir fehlen zwei Mann.«

»Wer läuft noch?«, wollte Said wissen.
»In meiner Gruppe starten zwei Jungen aus Tel Aviv. Es sind große Talente, wir trainieren schon eine Weile.«
Herr Ben Ali kaute an seiner Unterlippe. »Ja, ich frage mich überhaupt, ob ihr so begabt seid wie die.«
»Mit Israelis laufen? Niemals!«, entfuhr es Said. »Die sollen beim Teufel bleiben.«
»Des Weiteren kommen einige Amerikaner, Deutsche, Franzosen, Ägypter und natürlich unsere Leute dazu. Es wird spannend werden.« Der Turnlehrer ließ Ahmed los, hob die Hand und wendete sich zum Gehen. »Aber wenn es unter eurer Würde ist, bei so einem internationalen Event mitzumachen, dann müsst ihr es eben bleiben lassen. Wir sehen uns beim Direktor.«
»Einen Moment! Wenn wir da mitlaufen und unserer Schule keine Schande machen, würden Sie sich dann überleben, ob Sie ... ich meine ...« Ahmed kam ins Stammeln.
»Du meinst, ob ich von einer Meldung absehen würde? Wie könnte ich faire junge Sportler, die zur Völkerverständigung beitragen wollen, indem sie vertrauensbildende Veranstaltungen unterstützen, beim Direktor verpetzen?« Der Turnlehrer grinste breit.

»Ehud und Ephraim.« Herr Ben Ali hatte die Arme um zwei hoch gewachsene, schlaksige Jungen gelegt. Die

Sonne schien auf die Aschenbahn. Außer unter zwei verkrüppelten Steineichen gab es nirgends Schatten. Die Luft war trocken und frisch, ein Wind trieb eine kleine Windhose über die Felder am Rande der Stadt.

Ahmed musterte die beiden Israelis. Wenigstens waren sie nicht größer als Said und er. Ihre Schultern schienen nicht breiter, die Beine nicht länger. Das Schuhwerk war gleich schäbig, auch das war beruhigend.

Ehud streckte die Hand aus. »Shalom«, sagte er.

Ahmed sah auf die Finger des Jungen, dessen offene Handfläche, und zögerte. Die Hand blieb ausgestreckt, Stille machte sich breit. Said bückte sich, um einen Schnürsenkel neu zu knüpfen. Der Turnlehrer hatte sich entfernt, schritt die Bahn ab und zählte leise murmelnd die Meter. Ahmed gab sich einen Ruck. Entschlossen holte er seine Hand aus der Hosentasche.

»Salaam«, sagte auch er.

Ephraim grinste und wiederholte: »Shalom.« Es klang ähnlich.

Erleichtert atmete Ahmed auf, strich sich eine Haarsträhne aus der Stirn und versetzte Said einen verstohlenen Fußtritt.

»Bist du bald fertig?«, murmelte er.

Said richtete sich erschrocken auf, wischte über sein Hemd und grüßte verhalten.

»200 Meter. Korrekt. Der Boden ist in Ordnung.« Herr

Ben Ali winkte den Jungen. »Kommt her oder wollt ihr noch lange Reden schwingen? Wir haben zu tun!«
Ehud zwinkerte Ahmed zu. Der zuckte die Schultern.
»Ist euer Trainer immer so geschäftig?«, fragte Ephraim vorsichtig.
»Was heißt hier geschäftig«, brauste Said auf.
»Ja, ja, natürlich. Herr Ben Ali hat immer viel zu tun und große Pläne hat er auch. Aber er könnte schlimmer sein«, erklärte Ahmed begütigend.
Ehud nickte und trabte zur Aschenbahn, die anderen folgten ihm. Eine Wolke wanderte über den Himmel, aus dem Schulgebäude drang Schreien und Kreischen, ein Ball sprang über die Mauer und rollte auf die Jungen zu. Ephraim fing ihn ein und beförderte ihn mit Schwung zurück. Von der anderen Seite kam ein johlendes »Dankeschön!«.
Ephraim lachte. »Da geht's zu wie bei uns«, stellte er zufrieden fest.
»Marsch, Aufwärmübungen, Aufstellung und dann ab in die Startpositionen«, bellte der Turnlehrer. Er hatte die Stoppuhr aus der Tasche geholt, ihr Glas blinkte in der Sonne. »Erst Ephraim, dann Ahmed, es folgt Ehud, innen läuft Said. Und denkt daran, ihr müsst nicht gegeneinander bestehen, sondern füreinander kämpfen. Mein Team soll das schnellste sein und ihr seid die beste Voraussetzung dafür. Ich verlasse mich auf euch.«

Ahmed begann auf der Stelle zu trippeln, Ehud machte Rumpfübungen, Said lockerte seine Schultergelenke und Ephraim fiel in eine erste Kniebeuge.
Der Turnlehrer stellte sich hin, stemmte die Hände in die Hüfte und musterte seine Mannschaft. »Ordentlich, sehr ordentlich«, fand er. »Ihr passt zueinander, habt den gleichen Rhythmus, ohne viel nachzudenken, atmet ähnlich, bewegt euch vernünftig.« Er lachte leise. »Eure Väter können stolz auf euch sein. Und eure Mütter auch. Vier dunkle Köpfe, acht braune Augen, gut trainierte Waden, gerade Rücken, Herz, was willst du mehr?«
Ehud kicherte und Said schnaubte leise. Ein paar Tauben landeten im Schatten der Bäume und pickten gurrend im Staub. Von der Straße hörte man Motorenlärm und Hupen, über den Feldweg holperte ein Eselskarren.
Ehud richtete sich auf, blickte zu den Hügeln, zeigte in die Ferne. »In dieser Richtung liegt Tel Aviv«, meinte er.
Daran hatte Ahmed noch nicht gedacht. Er nickte. »Ist es sehr groß?«, fragte er.
»Ja. Und die Straßen sind so laut wie eure hier, die Motoren stinken, die Fahrer fluchen und sogar Eselskarren haben wir.«
Ahmed dachte nach. »Eigenartig«, sagte er dann.
»Warum auch nicht, Tel Aviv liegt ja nicht auf dem Mond«, warf Herr Ben Ali ein. »Los, Ahmed, lockerer in den Knien, du bist nicht aus Zahnstochern gemacht.

Ephraim, nicht so tief, das beansprucht die Sehnen, Said, übernimm dich nicht, außer Schultern hast du auch noch andere Gelenke. Gut so, Ehud, atme gründlicher aus.« Den Jungen stand der Schweiß auf der Stirn, stumm übten sie weiter.
Nach einer Weile sagte Ahmed leise: »Ich habe eine große Flasche Cola in der Garderobe. Wenn ihr wollt, teilen wir sie nach dem Training.«
Ephraim nickte. Ehud lächelte. »Danke. Wir werden es brauchen können.«
Said seufzte gottergeben und sagte nichts.

Die Väter hatten ein Sonnendach aus Schilf aufgestellt, der Direktor einige Schirme beigesteuert. Die Amerikaner hatten für Getränke gesorgt, die Franzosen Kuchen gebacken, die Deutschen Plätzchen geliefert und die Ägypter süßes Zuckerwerk. Jemand hatte bunte Fähnchen aufgehängt, auf einem Tisch stand ein glänzender Pokal für das Siegerteam bereit.
Ahmed und Said hatten sich umgezogen, machten Lockerungsübungen und besahen die Vorbereitungen. Der Sportplatz sah bunt und fröhlich aus, der Wind spielte mit den Wimpeln. Herr Ben Ali hatte eine weithin sichtbare Startlinie auf die Bahn gemalt und das Ziel mit Pfosten und einer bunten Schnur markiert.
»Wirkt professionell«, murmelte Said anerkennend.

»Bleibt nur zu hoffen, dass unsere Teamkollegen uns nicht bloßstellen.«

»Warum sollten sie das?« Ahmed war guter Dinge. »Die sind ehrgeizig, haben so tüchtig trainiert wie wir. Im Grunde wird unser Sieg auch ihrer sein und umgekehrt. Wir haben alle nur zu gewinnen.«

»Das hört sich leichter an, als es ist.« Said musterte die Konkurrenten, die sich langsam um die Aschenbahn einfanden. Er besah die gut gepolsterten Schuhe der amerikanischen Jungen, die blau-weiß-roten Leibchen der Franzosen und die Shorts der Deutschen. Dann sah er an sich herunter. Weder er noch Ahmed hatten das Geld, sich gut auszustatten. Herr Ben Ali hatte sein Team mit knallroten Stirnbändern versehen, das musste reichen.

»Auf die Kleidung kommt es sicher nicht an.« Ehud war leise herangekommen. »Du wirst sehen, wir schaffen das schon. Es genügt ja, dass einer von uns der Schnellste ist und dass die anderen eine gute Zeit laufen.«

»Ich werde mich bemühen, schon um eurem Turnlehrer keine Schande zu machen. Der hat sich da ganz schön auf was eingelassen, als er uns zusammen ins Team aufnahm.« Ephraim hatte sich zu den Kollegen gesellt. »Wir müssen uns einen Ruf schaffen, wir verkörpern einen ganz neuen Gedanken . . .«

»Und ich weiß nicht, ob mir der gefällt«, brummelte Said.

Ahmed klopfte ihm auf die Schultern. »Sei kein Spielverderber. Wir sind das Team der roten . . .«
». . . Adler«, schlug Said schnell vor. »Die können fliegen, das ist noch besser als laufen.«
»Nun gut, dann fliegen wir eben.« Ephraim wedelte mit den Armen und sprang auf und ab.
»Den Kaspar kannst du später machen. Marsch, an den Start mit euch, jetzt kommt die Rede des Herrn Direktor. Die wollt ihr doch bestimmt nicht versäumen, und dann geht's los!«, trieb der Turnlehrer seine Schützlinge an. Sie folgten ihm lachend.

Der Startschuss war fast erschreckend laut gewesen. Jemand hatte die Aschenbahn mit Wasser bespritzt. Es staubte trotzdem, wie immer, und die Sonne schien auch, wie immer. Ahmed atmete gleichmäßig, teilte seine Schritte ein, achtete auf die Armhaltung.
»Come on, USA!«, schrien Stimmen aus dem Publikum.
»Allons, les Français!«, konterten die Franzosen.
»Hoppauf«, brüllte jemand und »schneller, schneller« grölten Kinderstimmen.
Ahmed sah vor sich ein blau-weiß-rotes Leibchen, nahm es zum Ziel und überholte es, er erreichte Ephraim, dann Said, die leise keuchend vor ihm liefen. Er ließ sie hinter sich und konzentrierte sich auf grün-weiß gemusterte Laufschuhe, die flink über die Bahn eilten. Er fühlte ein

leises Stechen in der Seite, atmete fester aus. Fast kam er aus dem Takt, sein Hals begann zu brennen.

»Mach nur, du bist der Beste von uns, ich weiß das«, hörte er hinter sich. Es war Ephraims Stimme, sie klang gequetscht. Dann war nur mehr regelmäßiges Schnaufen zu hören. Aus dem Augenwinkel sah er das französische Hemd näher kommen. Wollte der Kerl ihn wieder einholen? Ahmed machte größere Schritte, auch wenn Herr Ben Ali das nicht schätzte.

»Ihr müsst euch eure Kräfte vernünftig einteilen«, hörte er den Turnlehrer in seinem Kopf. Doch nun ging es nicht ums Einteilen, nun ging es ums Siegen. Ahmed näherte sich den neuen Laufschuhen, sah die griffige Sohle, die grünen Bänder, das feine weiße Leder. Er hörte das Keuchen des amerikanischen Jungen, sah, wie ihm der Schweiß über die Schläfen lief, dann war er an ihm vorbei.

Ehud war schneller gewesen als Ahmed. Er hatte bis jetzt den Platz an der Spitze gehalten, sein Stirnband leuchtete. Ahmed arbeitete sich an einem verbissen kämpfenden Ägypter vorbei, umrundete einen deutschen Jungen. Eins, zwei, ein, aus, er hatte seinen Atem wieder gefunden, das Stechen in seiner Seite war verschwunden. Wenn er den Blick hob, sah er vor sich die bunte Schnur in der Sonne blitzen. Davor hastete Ehuds Schatten über die Bahn. Er war lang und verzerrt, wirkte wie ein wild gewordener Zeichentrickfilm. Das Ziel kam näher und schien ihnen entgegenzueilen, Ahmeds Beine machten sich selbstständig. Sie rannten nicht mehr, sie sprinteten, spurteten und jagten dahin. Applaus ging durch die Zuschauer, die Rufe wurden lauter, vorne stand Herr Ben Ali, seine Stoppuhr blitzte in der Sonne.

Ehuds Schuhe waren ausgetreten, hatten keine grünen Bänder, ging Ahmed durch den Kopf, und seine Socken hingen schief. Doch die Beinarbeit des jungen Israeli war bewundernswert regelmäßig, er lief, als ob er flöge.

Ahmed setzte zum Überholen an. Die Zuschauer klatschten, jemand hatte eine Trommel dabei. Sie dröhnte über den Sportplatz.

Wir sind die roten Adler, fiel Ahmed wieder ein. Wir verkörpern einen neuen Gedanken. Neben sich sah er Ehuds Arm, seine Schulter, hörte sein regelmäßiges Atmen. Ein Palästinenser vor einem Israeli, das war doch was. Die Menge tobte. Ahmed überholte, Ehud blieb zurück. »Wir verkörpern einen neuen Gedanken . . ., wiederholte sein Hirn, wir verkörpern einen . . . Seine Beine liefen im Takt, Herr Ben Ali winkte. . . . neuen Gedanken . . . neuen Gedanken . . .

Ahmed wurde ein wenig langsamer. Er ließ sich zurückfallen, bis er Ehud wieder sah, und sprintete neben ihm her. Schulter an Schulter liefen sie durch die Zielschnur. Dann fielen sie einander in die Arme.

Der Pokal blitzte und funkelte, die Fahnen wehten, die Amerikaner hatten ein Radio aufgestellt, aus dem muntere Musik ertönte. Der Schuldirektor hatte anerkennende Worte gefunden, seine amerikanischen, deutschen und französischen Kollegen hatten gesprochen, auch auf Ägyptisch war eine Rede erklungen. In der Ferne donnerte der Verkehr, eine Sirene war zu hören. Weit weg, am Rande der Felder, wanderte eine dunkle Wolke über den Horizont.

Ahmed saß mit Ehud, Said und Ephraim unter einem Sonnenschirm, die Limonadenflaschen gingen reihum, vor ihnen standen Teller mit Kuchen.

»Ihr seid wirklich tolle Jungs«, lobte ein Vater, ein anderer schlug ihnen anerkennend auf die Schultern. »What a great job you did, boys«, meinte er.

»We are the Red Eagles, you know«, erklärte Ephraim stolz und der Amerikaner lachte.

»Das mit dem Fliegen muss zwar noch geübt werden, aber mit dem Laufen hat es ganz gut geklappt. Die Teamarbeit war übrigens auch stark in Ordnung.« Herr Ben Ali schmunzelte und biss krachend in ein Plätzchen.

Ahmed lehnte sich zurück. Es war angenehm, hier im kühlen Schatten zu sitzen.

Ehud nahm einen Schluck aus der Flasche und stellte sie auf den Tisch. »Was ich noch sagen wollte«, begann er, »danke für . . .«

»Quatsch«, meinte Ahmed nur.

Die Musik aus dem Radio brach ab, ein Nachrichtensprecher war zu hören. Der Wind zerfetzte die Sätze, nur einzelne Worte drangen zu den Jungen durch.

»Autobombe ... Selbstmordattentat ... vier Tote ... etliche Verletzte ... Vergeltungsmaßnahmen ...«

Stille senkte sich über den Sportplatz, nur der Verkehr dröhnte weiter auf der Straße dahin. Die Schatten wurden länger, schienen dunkler. Wind kam auf.

Said biss vom Kuchen ab, kaute langsam und schluckte.

»Wir sollten beide Seiten zu einem Wettlauf bitten«, meinte er nachdenklich. »Das würde sie vielleicht auf neue Gedanken bringen.«

Die Lüge

Mira Lobe

Als der Krankenwärter mein Bett in den Saal schob, dachte ich gleich: Was für eine schöne Person!
Person, dachte ich. Nicht Mädchen, nicht junge Frau, obwohl sie höchstens zwanzig war. Zweierlei fiel mir auf: ein weißer, rund laufender Streifen unter dem Haaransatz und der erfahrene, bittere Mund. Des Mundes wegen dachte ich: Person.
Sie hieß Mína, stammte aus Rumänien, aus einer kleinen Stadt in der Bukowina. Unsere Betten standen nebeneinander. Sie lag mich hochgestrecktem, genageltem Bein wie die meisten im Saal. Lauter Knochenbrüche.
Draußen war Frühling. Nachts kam durch die offenen Fenster der Duft blühender Orangenhaine, süß und betäubend. Die Schakale heulten im Mondlicht.
Im Krankensaal herrschte Freundlichkeit. Wir warfen einander Obst zu, Bonbons, ein Stück Schokolade und lachten, wenn wir etwas fingen, und lachten, wenn etwas daneben fiel. Alle erzählten ausführlich und immer wieder ihre Krankengeschichte.
Mína schwieg. Erst nachdem ich ihr Vertrauen gewonnen hatte – durch ein paar helfende Handgriffe beim Wa-

schen und Essen, durch ein paar tröstende Worte, wenn sie Schmerzen hatte –, erst da drehte sie sich eines Abends zu mir und sagte in ihrer holprigen, mit jiddischen Ausdrücken gemischten Sprache: »Mein Bein hab nicht gebrochen ich. Mein Bein hat gebrochen der Doktor. Ist gewesen steif, wird jetzt wieder gut!«

Ich fragte, wie es dazu gekommen war.

An ihrem fünfzehnten Geburtstag marschierten Hitlers Soldaten in Mínas Städtchen ein. Die Juden wurden festgenommen, zusammengetrieben, deportiert. Mínas Vater widersetzte sich und wurde vor ihren Augen erschossen. Sie warf sich schreiend über ihn, krallte sich fest und ließ erst los, als ein Soldat mit dem Gewehrkolben auf sie einschlug. Sie blieb neben dem toten Vater liegen; der Schlag mit dem Gewehr hatte ihr rechtes Knie zertrümmert. Mutter und Geschwister wurden weggeschleppt.

In der Dunkelheit kamen Leute, Bauern, nahmen Mína mit, versteckten sie in der Scheune. Einen Arzt zu rufen kam nicht in Frage. Juden waren Verfolgte, keine Patienten. Die Bäuerin legte Mínas Bein zwischen zwei Brettern in Gips. Das Knie heilte und blieb steif. Mína wurde, nachdem sie fast ein Jahr im Heuschober verborgen gewesen war, nachts auf einem Pferdewagen in eine andere Gegend gebracht, zu anderen Bauern. Dort blieb sie als hinkende Magd bis zum Kriegsende, kam in ein Auffanglager, wo sich die Überlebenden angeschwemmt fanden, Treibgut der großen Vernichtungswelle. Befragt, wo sie nun hinwolle, sagte sie: »Palästina«, dort habe sie einen entfernten Verwandten, einen Onkel. In Tel Aviv angekommen, meldete sie sich sogleich im Krankenhaus und beschwor die Ärzte, sie zu operieren, damit sie das Bein wieder gebrauchen könne wie andere Mädchen.

»Ich bin jung«, sagte sie. »Ich will tanzen. Ich habe noch nichts von meinem Leben gehabt.«

Ich fragte: »Und die Ärzte glauben . . .?«

Mína unterbrach mich: »Sie haben es mir fest versprochen!«

Zwei Wochen lagen wir so, Bett an Bett. Sie bekam nie Besuch, außer von jenem Onkel, einem kleinen, bekümmerten Mann, der ihr Blumen brachte und still bei ihr saß. Anfänglich versuchte er ihre Hand zu halten oder ihr schönes Haar zu streicheln, das sich rot auf dem weißen Kissen ringelte. Mína verhielt sich abweisend, entzog ihm die Hand, wandte den Kopf ab – sodass er's bald bleiben ließ.

Mir gefielen seine guten Augen, seine ruhige, behutsame Stimme, sein melancholisches Lächeln.

Ein Mensch.

»Du magst ihn nicht?«, fragte ich.

Mína verzog den Mund. »Er ist Witwer mit zwei kleinen Töchtern und sucht eine Frau . . .«

Und nach einer Pause: »Er ist der Einzige, der mich von früher kennt. Er war oft bei uns zu Hause.«

»Und tut dir das nicht gut?«

»Nein. Wer will denn immer an früher erinnert werden?«

Ich wurde aus dem Krankenhaus entlassen. Mína hatte noch eine zweite Operation vor sich, Wochen im Bett, orthopädische Behandlung, laufen lernen, Massage, Gymnastik.

»Kommst du mich einmal besuchen?«, fragte sie beim Abschied.

Ich versprach es, obwohl ich wusste, dass ich mein Versprechen nicht halten würde.

Monate später traf ich den Onkel auf der Straße. Er grüßte und wollte vorbei.

Ich hielt ihn fest: »Wie geht es Mína?«

»Oh, es geht halt so«, sagte er ausweichend.

»Ist sie nicht gesund geworden?«

Er streifte mich mit trübem Blick, schüttelte den Kopf: »Sie ist in einem Heim . . .«

»In einem Heim?« Ich war so erschrocken, dass er sich zu reden entschloss.

»Das Bein«, sagte er, »ist steif geblieben. Sie hat ja nicht hören wollen. Die Ärzte haben sie vorher gewarnt: Wer weiß, ob es nach einer Operation nicht noch schlimmer wird . . .« Er senkte den Kopf: »Es *ist* schlimmer geworden. Viel schlimmer.«

»Aber die Ärzte ... sie hat mir doch gesagt, die Ärzte hätten ihr fest versprochen ...«

»Hat sie das gesagt? Es ist nicht wahr. Auch die Geschichte mit dem Vater ist nicht wahr.«

»Nicht wahr?«, fragte ich hilflos.

»Er ist umgekommen. Das stimmt. Er und die ganze Familie. Im Lager. Aber das Bein hat sie woanders gebrochen.«

Er sah an mir vorbei. »Als die Deutschen kamen, steckten sie die schönsten Mädchen ins Bordell. Haben Sie den weißen Streifen auf Mínas Stirn gesehen?«

Ich nickte.

»Dort stand gestempelt: ›Nur für Offiziere‹. Zuerst wussten die Mädchen nicht, wo man sie hingebracht hatte. Dann begriffen sie, dass das ihre einzige Chance war, zu überleben. Eine, die auch dort war, hat es mir erzählt. Manche gewöhnten sich. Andere nicht. Mína brach aus. Man hetzte ihr die Hunde nach. Sie entkam, floh in die Wälder, irrte zwei Tage und zwei Nächte umher, stürzte, brach das Bein. Bauern fanden sie und nahmen sie mit und versteckten sie im Heuschober ...«

»Der Rest«, sagte ich, »stimmt also!«

»Auch der Anfang«, sagte er, »nur dass sich alles im Nachbarhaus zugetragen hat. Dort wurde ein Vater niedergeschossen und die Kinder warfen sich über ihn. Mína hat es gesehen.«

»So war das also . . .«, sagte ich.
»Ja, so war das.« Er legte die Hand über die Augen. »Die Operation«, sagte er, »wäre vielleicht besser gelungen, wenn sich Mína nicht angesteckt hätte, dort – im Bordell. Das Kniegelenk oder der Knochen ist angegriffen. So eine nicht behandelte Syphilis . . . ein Laie kennt sich da ja nicht aus . . .«
Er schwieg.
Ich auch.
Es gab nichts zu sagen.
»Trotzdem würde ich sie nehmen«, murmelte er plötzlich. »Sie kann ja nichts dafür. Mit allem, was sie erlebt hat, und dem Bein, wie es jetzt ist, würde ich sie nehmen. Aber sie will mich nicht.« Er lächelte resigniert. »Vielleicht ist es besser so. Rabbi Akiba sagt: ›Gam su letowah!‹ – Auch das zum Guten! Meine zwei kleinen Mädchen brauchen eine gute Mutter, keine so junge und zerstörte wie Mína. Sie ist voll Hass und Hader. Man kann's verstehen.«
Er drückte meine Hand und lief davon.
Ich sah ihn nie wieder. Auch Mína nicht. Ein paar Tage überlegte ich, ob ich sie in ihrem Heim besuchen sollte. Aber ich tat es nicht, ich war zu feige. Sie würde mir wieder von ihrem Vater erzählen, von der Heldentochter, die sich über seinen Leichnam geworfen hat.
Sogar das letzte bisschen Würde war ihr verwehrt: die

Wahrheit zu sagen. Zu wem hätte sie davon sprechen können? Wie ihre Geschichte erzählen, die da anfing: Ich war eine Hure im Soldaten-Bordell . . .?

Ich weiß nicht, was aus Mína geworden ist.

Tbilij

Paulus Hochgatterer

Die Woche mit Tbilij lag in der Zeit, als Großvater bei uns wohnte und in Wahrheit fast schon tot war. Er brauchte Sauerstoff und einen Rollstuhl, konnte nur noch Flüssiges zu sich nehmen und bekam zirka fünfmal am Tag seine schmerzstillenden Injektionen. Zwei Dinge tat er dennoch wie früher: Er rauchte und er erzählte vom Krieg; genau genommen rauchte er exakt so viel wie immer, weil es sowieso schon egal war, und er erzählte hundertmal mehr vom Krieg als früher. »Klar, er hat sonst nichts anderes zu tun«, sagte mein Vater. Wir saßen jedenfalls abwechselnd bei ihm und taten so, als würden wir zuhören. Mutter verfolgte vermutlich als Einzige tatsächlich, was er redete, aber sie ist auch eine, die sich im Fernsehen die dritte Wiederholung der zweihundertzwanzigsten Folge von »Reich und schön« oder »Eine himmlische Familie« anschauen kann, ohne dass ihr fad wird. Ich selbst hockte meistens da, nickte in regelmäßigen Abständen und dachte über meine Computerspiele nach, zum Beispiel darüber, warum ich den vierten Triforce-Splitter in »Zelda. The Wind Waker« an dem Ort, an dem er sein sollte, nicht finden konnte.

An jenem Montag hatte es geschneit und das Bild, wie Tbilij

da vorne in seinen komplett durchnässten dunkelblauen Adidas-Sportschuhen vor der Tafel stand, wird mir immer in Erinnerung bleiben. Er hatte fettiges schwarzes Haar, eine schmale, nach unten gebogene Nase und war kaum größer als Alexander Witt, der Kleinste in unserer Klasse.

»Eine Ratte«, sagte Heinrich halblaut von hinten, »er sieht aus wie eine Ratte.«

Schneider, unser Klassenvorstand, schickte Heinrich auf den Gang hinaus und schrieb den Namen des Neuen an die Tafel: Tbilij.

Wenn jemand einen Namen hat, bei dem es dich gleich aufs Maul haut, wenn du das erste Mal versuchst ihn auszusprechen, kannst du dir ausrechnen, dass es derjenige nicht besonders leicht haben wird.

»Wir werden ihn Billy nennen, das ist einfacher«, sagte Clemens und alle hielten das für eine gute Idee.

Der Neue hob langsam den Blick und schüttelte den Kopf. »Tbilij«, sagte er, »Tbilij«, und artikulierte das T und das B so, als müssten noch zehn andere Konsonanten dazwischen Platz haben.

»Er versteht kein Wort Deutsch«, sagte Schneider, »angeblich ein paar Brocken Englisch, sonst nur Russisch.«

»Nastrowje«, sagte Christoph und prostete dem Neuen zu. Das hatte man sich ausrechnen können. Der Neue verzog keine Miene und Christoph tat so, als würde er ein Glas gegen die Wand werfen.

Tbilij komme direkt aus einem Flüchtlingslager, sagte Schneider. Dort habe er gut drei Wochen verbracht, dann sei klar gewesen, dass er nicht abgeschoben werde. Eigentlich komme er aus einem Dorf an der Grenze zwischen Tschetschenien und Inguschetien. Er selbst habe auch erst auf der Landkarte nachsehen müssen, wo das sei, wir sollten uns in Geografie drum kümmern. Das Dorf liege jedenfalls an einem Fluss namens Terek und der fließe mitten durch alle diese Länder. Das habe ihm die Sozialarbeiterin vom Jugendamt gesagt. Tbilij wohne derzeit in einem Übergangsheim für Kinder. Von Geschwistern wisse man nichts, und das mit den Eltern sei so eine Sache. Man könne davon ausgehen, dass er in letzter Zeit ziemlich schreckliche Dinge erlebt habe. Ja, es gebe da noch einen Onkel, bei dem laufe jetzt ebenfalls das Verfahren auf Übernahme in Bundesbetreuung. »Verfahren auf Übernahme in Bundesbetreuung« – keiner von uns hatte eine Ahnung, was das war; es klang ungefähr so nett wie »Untersuchungshaft«.

Tbilij wurde auf den freien Platz neben Philipp Heyn gesetzt. Das machte notwendig, dass Philipp seine zweiundneunzig Kilo eine Spur zur Wand hin verfrachtete, aber er sagte, es mache ihm nichts aus.

In der Pause bekam Tbilij von Clemens eine Schinkensemmel geschenkt. Er fraß sie in sich hinein, als habe er wochenlang nichts zu essen gekriegt.

»Spitfire«, sagte Mutter, als ich nach Hause kam. Sie sah mittelprächtig erschöpft aus, was gut zu verstehen war, denn sogar ich kannte die Geschichte inzwischen auswendig.
Großvater befindet sich mit einem zerschmetterten rechten Oberarm und allerhand sonst noch zu Hause, der Krieg ist fast vorbei und der Herbst vierundvierzig ausgesprochen warm und trocken. Er geht mit seiner kleinen Schwester aufs Feld hinaus, um Kürbisse zu ernten, und es ist kein Fliegeralarm und gar nichts. Plötzlich hören sie ein Pfeifen über den blauen Himmel herangellen. Nach einer Sekunde ordnet er es richtig ein, doch bevor er auch nur an ein Versteck denken kann, taucht schon über dem Hügel das Flugzeug auf. »Eine Spitfire«, sagte Großvater an dieser Stelle immer, »ich konnte den Engländer lachen sehen.« Immer der gleiche Satz: »Eine Spitfire, ich konnte den Engländer lachen sehen«, und dann erwartete er, dass man fragte: »Was ist das, eine Spitfire?, und er sagte: »Ein britisches Jagdflugzeug; das allerbeste.« Er reißt seine Schwester jedenfalls zu Boden und wirft sich über sie. Der Engländer streut eine Garbe aus seinem Maschinengewehr auf sie herab, die Erde spritzt auf und Großvater weiß erst, dass sie beide nicht tot sind, als seine Schwester zu weinen beginnt.
»Kennst du einen Fluss namens Terek?«, fragte ich ihn. Er

sah mich an und sagte: »Du kannst dir nicht vorstellen, wie wir gelaufen sind.«

»Warst du auch in Tschetschenien?«, fragte ich und er erzählte, wie seine Muter erst ungehalten gewesen sei, weil sie keine Kürbisse nach Hause gebracht hatten, und dann allmählich begriffen habe.

Am Dienstag kam Tbilij zwanzig Minuten zu spät in die Klasse. Ascher, unser Biologielehrer, der ansonsten Gelegenheiten zum Schülerfertigmachen nicht ungenützt verstreichen lässt, tat gar nichts. Man hatte ihn offenbar entsprechend präpariert. »Verstehst du irgendwas?«, fragte er.

Tbilij zuckte mit den Schultern und Aschwer sprach weiter über die Frage, wie Fische mit ihren Kiemen atmen können. Tbilij schaute abwechselnd gegen die Decke und kritzelte auf dem Notizblock herum, den Schneider auf seinen Platz hatte legen lassen.

Ich fragte mich, ob er eine Angel besaß und wie sich das im Fluss Terek mit den Welsen verhielt, denn Welse soll es ja in diesen russischen Flüssen überall geben.

Praktisch zeitgleich mit dem Läuten langte Tbilij an seiner rechten Seite nach unten, holte ein in Alufolie gewickeltes Käsebrot aus Philipps Rucksack, packte es aus und begann es in einem Höllentempo hinunterzuschlingen. Zumindest die Hälfte war weg, als Philipp draufkam, dass es seins war.

Philipp ist wirklich der verträglichste Mensch auf dieser Welt, nur das Essen sollte man ihm besser nicht streitig machen. Er packte Tbilij am Pullover, bog ihn nach hinten über den Tisch und brüllte ihn an: »Das ist mein Brot, mein Brot, verstehst du?!!«

Tbilijs Arme sanken nach unten, er wurde gelb im Gesicht und insgesamt komplett lasch, sodass wir glaubten, er werde jeden Augenblick in Ohnmacht fallen. Dann schienen innerhalb einer Sekunde seine Augen aus dem Kopf zu quellen, er reckte das Kinn nach vorne und würgte einen Mund voll halb zerkauten Käsebrotes in Philipps Gesicht.

Philipp erstarrte für einen Augenblick und in den nächsten Minuten hatten wir alle damit zu tun, eine wirklich schlimme Gewalttat zu verhindern. Wir setzten Tbilij schließlich möglichst weit weg, zwischen Fenster und Konstantin, sodass für den Rest des Tages nichts mehr passieren konnte. Auf der anderen Seite wurde Alexander Witt, der so was wie ein Naturdiplomat ist, dazu abgestellt, Philipp zu erklären, dass es am Fluss Terek höchstwahrscheinlich keine Käsebrote gibt, schon gar nicht so großartige wie seine, und daher die Angelegenheit für Tbilij zwangsläufig unwiderstehlich gewesen sein musste.

»Newa«, sagte Großvater, kaum dass ich mich hingesetzt hatte, »der Fluss, an dem Leningrad liegt, heißt Newa.«

»Aha«, sagte ich und war ziemlich sicher, dass die Flüsse Newa und Terek nichts miteinander zu tun haben, der eine mündet in den andern oder so.

»Zwei Jahre vor den Toren von Leningrad«, sagte Großvater und zündete sich am Stummel seiner abgebrannten Zigarette eine neue an, »keiner macht sich eine Vorstellung davon.«

Damit hätte er, was mich betraf, früher ohne Zweifel Recht gehabt. Jetzt ertappte ich mich dabei, wie ich dreihundertfünfundsechzig Tage mal zwei rechnete, auf siebenhundertdreißig kam, und das mal Frühstück und Zähneputzen und Schlafengehen eine ziemlich nennenswerte Zahl fand. »War ein Schaltjahr dabei?«, fragte ich.

Er überlegte. »Nein«, sagte er schließlich, »das heißt ja, 1944, aber am 29. Februar war die ganze Sache schon vorbei.« Er erzählte von den unendlich weiten Sumpfwiesen südlich der Stadt, vom Ladoga-See, der in Wahrheit so groß sei wie ein Meer, und von den Winterstürmen, die über die Ebenen fegten. Im Jänner zweiundvierzig habe es wochenlang minus vierzig Grad gehabt und sie seien in den Dörfern in die Häuser gegangen und hätten sich die Daunendecken aus den Betten genommen, aber das habe auch nichts genützt.

»Gibt es im Fluss Newa Welse?«, fragte ich und: »Habt ihr von den Bauern auch Käsebrote bekommen?«

Er erzählte von seinem Freund Norbert, der der beste

Mechaniker der Kompanie gewesen sei, was man bei all den Lastkraftwägen und Motorrädern nicht hoch genug habe schätzen können. Außerdem habe er alles aufgeschrieben.

»Du?«, fragte ich.

»Norbert«, sagte er, »Norbert hat alles aufgeschrieben. In Schulhefte. Die Umschläge hat er am Ende mit Karton verstärkt. Irgendwann werde ich sie dir zeigen.« Dann erzählte er noch, dass es nicht darum gegangen sei, die Stadt zu erobern, sondern nur darum, sie von jeder Zufuhr an Nahrungsmitteln abzuschneiden. »Dreieinhalb Millionen Menschen«, sagte er, und keiner habe wirklich gewusst, was in der Stadt vor sich gehe. Man habe nur Gerüchte gehört und im Winter habe man durch die Ferngläser sehen können, wie an manchen Stellen riesige Bagger das Eis aufgerissen hätten. Durch die Löcher seien allerhand Dinge ins Wasser gekippt worden.

In der Nacht lag ich im Bett und musste mir Fische vorstellen, die auf dem Grund eines Sees stehen. Sie blicken nach oben gegen die blau schimmernde Eisdecke und plötzlich reißt jemand mit einer gewaltigen Kralle ein Loch hinein.

Jeder von uns war sicher, dass Philipp die Sache vom Vortag längst vergessen hatte. Daher gab es auch keine erhöhten Vorsichtsmaßnahmen mehr. Im Gegenteil, wir warteten auf Steinhardt, der uns das letzte Mal einen

Film über Beethoven angekündigt hatte, und hingen herum, wie man eben vor einem Beethoven-Film herumhängt. Christoph sang ununterbrochen das Tatatataaaa aus der Schicksalssymphonie und tat dazu so, als würde er auf einer E-Gitarre spielen. Heinrich versuchte eine leere Cola-Dose auf den Rauminhalt eines Kubikzentimeters zusammenzuquetschen und Robert Zeiller war dabei, sein drittes Real-Madrid-Logo an die Tafel zu malen.

Keiner von uns rechnete mit etwas Abartigem, als Tbilij in den Mittelgang trat. Er blickte sich um, suchte Philipp und ließ sich dann zu Boden sinken. Er rutschte auf den Knien in seine Richtung, den Kopf tief gebeugt, die Arme waagrecht nach vorn gestreckt. Auf seinen Handflächen lag ein in Zellophan gewickeltes Baguette, längst durchgeschnitten und mit Schinken, Käse und Tomatenscheiben gefüllt. Er legte es vor Philipp hin, ohne ihn anzusehen, und rutschte im Retourgang auf seinen Platz zurück.

Philipp grinste erst ein wenig verlegen, dann sagte er halblaut: »Danke.«

Wir anderen schwiegen, nur Heinrich sagte, als dann Steinhardt schon in der Klasse war: »Vielleicht ist es vergiftet.«

Während des Filmes hatte Tbilij über längere Zeit die Augen geschlossen, wobei ich glaubte, dass er einfach der Musik zuhörte. Möglicherweise war er in Wahrheit eins

dieser russischen Geigengenies, die man ab und zu im Fernsehen sieht.
In der Pause saß er mit gesenktem Kopf da, in Deutsch wurde er in Ruhe gelassen und in Zeichnen tat Tbilij am Anfang gar nichts. Etwa um die Mitte der zweiten Stunde griff er zu den Buntstiften, die ihm die Bilek, unsere Zeichenlehrerin, hingelegt hatte. In rasendem Tempo füllte er ein ganzes Blatt, dann noch eines, und wenn man ihm aus der Entfernung zusah, machte es den Eindruck, als würde er die Gegenstände abbilden, die sich vorne auf dem Pult befanden: eine Vase, ein Zuckerstreuer, ein Ball. Als er das zweite Blatt aus dem Block löste, trat die Bilek zu ihm an den Tisch. Sie schaute ihm über die Schulter und wurde schlagartig ganz weiß im Gesicht.
»Um Gottes willen!«, rief sie. »Um Gottes willen!« Sie raffte die beiden Zeichnungen an sich und Tbilij schloss für den Rest der Stunde die Augen, ganz ohne Musik.
»Was war drauf?«, fragten wir nachher Konstantin, der es als Sitznachbar schließlich gesehen haben musste. »Was hat er gezeichnet?«
Konstantin druckste eine Weile herum, dann fuhr er sich mit der Handkante quer über den Hals. »Erhängte«, sagte er, »Erhängte hat er gezeichnet, zwei Blätter voll.«
Später schenkte Clemens Tbilij eine Dose Cola. Manchmal ist Clemens so gut zu den anderen, dass man ihm eine knallen möchte.

Als ich nach Hause kam, hatte Großvater gerade einen seiner Atemnotfälle überstanden, und meiner Mutter war es gar nicht so recht, dass ich sagte, ich würde schon auf ihn aufpassen. Andererseits war sie erschöpft und benötigte sichtlich eine Pause. Ich drehte einfach den Sauerstoff auf fünf Liter pro Minute hoch, bevor ich mich zu ihm setzte. Das wirkte praktisch immer. Warum die anderen meinten, so was brauche eine ärztliche Anordnung, verstehe ich nicht.

Großvater griff nach meiner Hand. Dass Menschen, die schlecht Luft kriegen, nicht nur im Film nach der Hand eines anderen greifen, wusste ich, seit Großvater bei uns wohnte. »Ich sage dir, das Schlimmste war die Langeweile«, sagte er, »der Winter war schlimm, der Hunger auch, aber das Allerschlimmste war die Langeweile.« Zwei Jahre ohne wesentliche Frontbewegung, das sei die Hölle gewesen, zwei Jahre in einem dieser tristen russischen Dörfer, man könne sich das nicht vorstellen.

»Hat es in eurem Krieg die Todesstrafe gegeben?«, fragte ich.

Er holte tief Atem, was aber vermutlich mehr damit zu tun hatte, dass er wieder besser Luft bekam, als mit meiner Frage. Es seien die verschiedensten Geschichten erzählt worden, zum Beispiel, dass die Menschen in Leningrad die Tapeten von den Wänden rissen und sie auskochten, um aus den Kleisterresten ein wenig Stärke zu gewinnen. Fische, natürlich habe es in der Newa Fische gegeben, vermutlich sogar Welse, »aber wenn du keinen Köder hast, nützen dir die ganzen Welse nichts«. Sein Freund Norbert habe alles aufgeschrieben, ob schrecklich oder nicht. Jeden Abend habe er geschrieben, ausnahmslos: »einen Vergaserdefekt behoben«, »steinharte schwarze Bohnen gegessen« oder »heute war unser Herr Leutnant gar nicht gut aufgelegt«, und er habe nie Angst gehabt, das könne ihm einmal zum Vorwurf gemacht werden. Auch die Sache mit der Langeweile habe er aufgeschrieben, das ewig gleiche Wetter und im Sommer die Mücken, auf endlos vielen Seiten und all die Dinge, die man versucht habe gegen die Langeweile zu tun. Nicht nur Kartenspielen, nicht nur auf Russisch bis hundert zählen lernen. Nein, ganz andere Dinge, irgendwann werde er sie mir zu lesen geben, irgendwann später. Wenn man so wolle, sei Norbert indirekt an seinen Heften zu Grunde gegangen. Nach dem Krieg habe er immer wieder in ihnen gelesen, immer wieder, wie unter Zwang. Vor allem über diese Dinge habe er gelesen, zu denen sie die Langeweile getrieben hatte, über diese verrückten Dinge mit den Tieren und mit diesen russischen Menschen. Großvater drückte fest meine Hand, während er das erzählte, und ich wusste, dass ich in diesem Augenblick besser nicht nachfragte.

Er atmete eine Weile ganz ruhig.

»Du kannst den Sauerstoff wieder zurückdrehen«, sagte er schließlich leise und dann: »Ja, in unserem Krieg hat es die Todesstrafe gegeben.«

Später versuchte ich an Ganondorf, den Endgegner in »Zelda. The Wind Waker«, zu denken, an die Kugelblitze, die er verschießt, und daran, dass die Simpsons in Wahrheit als Familie ziemlich in Ordnung sind, weil sie einander lieben, auch wenn es auf den ersten Blich nicht so aussieht, aber all das funktionierte nicht richtig. Ständig fielen mir zwei Dinge ein: der Satz »steinharte schwarze Bohnen gegessen« und dass die Umschläge dieser Hefte mit Karton verstärkt waren.

Der Donnerstag begann damit, dass Tbilij am Morgen in die Klasse kam und eine fleckige Schuhschachtel vor sich auf den Tisch stellte. Für einen Augenblick sagte keiner von uns etwas, nicht einmal Heinrich, von dem jeder etwas erwartet hätte wie »Da ist sicher eine tote Ratte drin«.

Konstantin wies als Erster fragend auf die Schachtel.

Tbilij hob langsam den Deckel und holte ein hellblaues Handtuch hervor, in das ein dreieckiger Gegenstand gewickelt war.

»Zeigen, zeigen!«, rief Christoph.

Tbilij legte den Packen vor sich hin und schlug vorsichtig das Handtuch zurück. Zum Vorschein kam ein kurzläufiger, komplett verrosteter Trommelrevolver.

Wir blickten alle instinktiv zur Tür, aber bis zum Läuten waren es noch einige Minuten und früher kamen die Lehrer nie. Ein paar von uns nahmen das Ding in die Hand, jeweils ganz kurz, nur Heinrich drehte es einige Male hin und her und suchte offenbar nach einer Firmenmarke oder einer Gravur.

Tbilij sah zu und hatte die ganze Zeit einen seligen Ausdruck im Gesicht.

Mit der Schulwartin hatte keiner gerechnet. Sie tauchte plötzlich auf, dauergewellt und im blauen Arbeitsmantel wie immer, um das Blatt mit der Terminübersicht für das nächste Semester zu verteilen: Projektwochen, freie Tage, das Datum der schulärztlichen Untersuchung und so fort. Ziemlich ungerührt stand sie da und blickte für eine Sekunde auf den Revolver. Sie fragte nicht einmal »Ist er geladen?« oder so. »Der sieht ja aus wie aus dem Zweiten Weltkrieg«, war alles, was sie sagte, bevor sie verschwand. Heinrich schnappte die Waffe, verpackte sie wieder und presste die Schuhschachtel in Tbilijs Bankfach.

Wir hatten schon die Hoffnung, das könnte es gewesen sein, als Schneider eine Minute später durch die Tür kam. Nach einer weiteren Minute hatte er die Schachtel gefunden. Er nahm sie mit, ohne ein Wort zu sagen.

Tbilij saß da, schaute aus dem Fenster und die Tränen quollen ihm aus den Augen. Daran änderte sich den ganzen Vormittag über nichts, sosehr sich Clemens mit sei-

nen Geschenken auch bemühte. Ein paar von den Taschentüchern, die er ihm hinlegte, verwendete Tbilij. Das war immerhin etwas.
Am nächsten Tag lag Großvater im Krankenhaus und ich wusste, dass er bald sterben würde. Ich wusste auch, dass noch Zeit sein würde, ihn zu besuchen und ihn einige Dinge zu fragen, zum Beispiel, wo er diese Hefte aufbewahrt hatte.
Tbilij war weg. Keiner von uns sprach davon und es war, als hätten wir alle damit gerechnet. Einige von uns begannen vielleicht zu ahnen, dass es Menschen mit einem ganz anderen Leben gab, und einige von uns wussten jetzt, dass der Fluss Terek ins Kaspische Meer mündet.

Soldaten schreien nicht

Zoran Drvenkar

Am späten Abend fiel das Abendmahl von der Wand und Mutter versuchte Vater umzubringen. Sie war nicht betrunken, sie hatte auch keine Drogen genommen, noch war ein böser Dämon in ihren Körper gefahren. Mutter hatte einfach genug von Vater. So erklärte sie es später der Polizei.

Mutter ist eigentlich ein friedlicher Mensch. Vater hatte sich aber in den letzten paar Jahren einige Sachen erlaubt, die niemandem von uns gefielen. Er hatte eine Frau kennen gelernt und besuchte sie oft. Er sprach mit uns über Scheidung und dass das Leben oft holprige Wege ginge. Er begann im Gästezimmer zu schlafen, das eigentlich unser Balkonzimmer war, in dem die Pflanzen den Winter über standen. Jetzt standen die Pflanzen bei Frankie und mir und verwandelten unser kleines Zimmer in einen Dschungel und am Morgen waren unsere Fenster beschlagen.

Vater zog nie aus und er sprach auch kein zweites Mal von Scheidung. Nachdem er uns gesagt hatte, dass das Leben oft holprige Wege ginge, sagte er auch, dass unsere Mutter die einzige Frau für ihn sei, und wenn sie sich von ihm trennen würde, wäre das sein Tod. Niemand hat-

te ihm gesagt, dass es auch sein Tod sein könnte, wenn er weiterhin bei uns bliebe.
So gesehen war es keine Überraschung, als Mutter in einer Donnerstagnacht in das Balkonzimmer rannte und das Gästebett am Geländer packte. Wir hörten Vater schreien, dann knallte es und das Abendmahl fiel im Wohnzimmer auf den Teppich. Das war auch der Moment, in dem Mutter das Gästebett gegen die Balkontür schob. Die Balkontür öffnete sich, die Balustrade gab nach und das Bett samt Vater flog durch die Nacht.

Vater war es, der dann überall behauptet hatte, Mutter hätte versucht ihn umzubringen, und dass er eigentlich am liebsten gestorben wäre, denn wenn das die eigene Ehefrau mit einem tut, dann war man auf ewig verdammt.
Wir besuchten ihn im Krankenhaus. Sein linker Arm war gebrochen und er trug eine von diesen Halskrausen, als wäre er ein Hund mit Krätze. Mutter kam nicht mit. Sie schickte auch keine Grüße. Frankie und ich brachten Trauben und ein paar alte Zeitschriften. Wir hörten uns Vaters Klagen an, dass er nicht verstand, wieso er solch eine Behandlung verdient hätte. Frankie fiel eine Geschichte ein, die von einem Frosch und einem Toaster handelte, aber Vater wollte die Geschichte nicht hören, also gingen wir bald wieder.

Als wir sein Zimmer verließen, sahen wir sie das erste Mal. Niemand musste uns sagen, wer sie war. So wie jemand einen Elefanten erkennt, sobald er im Zimmer steht, erkannten wir auch sie. Magda kam im Minirock und mit Stöckelschuhen auf uns zu. Sie hatte einen hechelnden Pekinesen auf dem Arm und wackelte so sehr mit den Hüften, dass mir schwindelig wurde.

– Seid ihr die süßen Kleinen von Oskar?, fragte sie uns.

Wir waren nicht klein, noch waren wir süß und Vaters Namen aus ihrem Mund zu hören gefiel uns gar nicht. Ich spürte, wie sich Frankie neben mir anspannte, und schob mich an der Frau vorbei. Frankie folgte nicht. Er sah Magda an wie ein Stoppschild, dann sagte er ganz langsam:

– Sein Herz ist stehen geblieben. Rufen Sie mal lieber einen Arzt.

Ich kannte die Stimme, Frankie hatte sie aus einer Fernsehserie aufgeschnappt. Es klang sehr professionell, dennoch ließ sich Magda davon nicht berühren.

– Was du nicht sagst, sagte sie und wuschelte ihm über den Kopf. Dann war sie an Frankie vorbei und im Zimmer verschwunden.

Frankie sah mich an.

– Die ist tot, sagte er, was sich schlimm anhörte, was aber noch schlimmer war, wenn man bedachte, dass Frankie gerade eben erst fünf geworden ist.

– Mach keinen Scheiß, sagte ich, was sich locker anhörte,

was aber nicht so locker war, weil ich mit dreizehn Jahren eigentlich noch viel lockerer klingen sollte.
Wir gingen ein Eis essen und tranken einen Milchshake. Frankie erzählte mir die Geschichte von dem Frosch und dem Toaster und wir lachten und dachten nicht an viel und dann sahen wir uns an und dachten an dasselbe und planten den Krieg.
Es ging ganz einfach.
Unsere Eltern waren nie religiös, dennoch hängt das Abendmahl bei uns an der Wand. Vater hat es Mutter geschenkt, als sie sich auf dem Flohmarkt kennen lernten. Das ist Ewigkeiten her und Vater malte damals berühmte Gemälde nach. Wir haben über dem Klo die Mona Lisa hängen, wir haben ein düsteres Meer von William Turner im Flur. Dann sind da drei van Goghs, zwei Picassos, zwei Monets und ganze sechs Klees, die eine gesamte Wand einnehmen. Klee war Vaters Vorliebe. Er malte die Bilder mit Ölfarben und baute schöne Rahmen drum herum. Alle, die die Bilder sahen, dachten sich ihren Teil.
Als wir an diesem Tag nach Hause kamen, waren die Bilder umgedreht. Unsere Wohnung sah aus wie ein Pullover, den jemand von innen nach außen gekehrt angezogen hatte. Alles, was Vater gehörte, stand im Flur gestapelt. Kartons und Kisten und Koffer und Taschen.
– Der fliegt raus, sagte Mutter.
– Ist er schon, sagte Frankie.

Und Mutter lachte und lachte und dann fing sie an zu weinen. Wir machten ihr einen Kakao und gaben einen Schuss Rum hinein. Danach wickelten wir sie in eine Wolldecke. In die eine Hand bekam sie den Kakao und in die andere Hand die Fernbedienung.
– Was wäre ich nur ohne euch, sagte sie.
Wir lächelten und sagten, wir würden in unser Zimmer gehen und spielen. Wir klangen wie der Traum einer jeden Mutter. Dabei waren wir eher wie die Zwillinge aus diesem Horrorfilm, der in den Bergen spielt und wo zwei Mädchen im Flur stehen und der Flur füllt sich mit Blut. Frankie schloss die Zimmertür und lehnte sich dagegen. Im Wohnzimmer sprang der Fernseher an. Ich hörte das Sirren einer Mücke und konnte sie nicht sehen.
– Krieg, sagte Frankie.

Wir erklärten den Erwachsenen den Krieg. Wir wollten sie so weit bringen, dass sie alle unsere Bedingungen erfüllten. Denn so verstanden wir Krieg. Man tat etwas, damit die anderen aufhörten etwas zu tun. Oder sie mussten tun, was man wollte. Auf jeden Fall ging es darum, dass einer stärker und der andere schwächer war. Wir waren immer schwach. Entweder bekamen wir eins auf den Kopf oder mussten in unser Zimmer verschwinden.
Manchmal sagen die Leute, die Krieg führen, etwas über

Visionen und solchen Blödsinn. Gut, unsere Vision war einfach. Wir hatten beschlossen, dass Vater zurückkehren sollte. Auch wenn er sich manchmal dumm anstellte, fanden wir, dass er hierher gehörte. Das hieß, wir führten nicht nur Krieg gegen die Probleme und Machenschaften unserer Eltern, sondern auch gegen Magda. Magda war der Feind.

– Wenn wir sie überzeugen, dass sie Vater nie mehr wieder sieht, dann haben wir schon mal gewonnen, sagte ich, danach ist Vater dran. Wenn wir ihn überzeugen, dass er Mutter liebt, dann haben wir doppelt gewonnen. Und zum Schluss müssen wir Mutter überzeugen, dass sie Vater verzeiht, und das wäre dann dreifach gewonnen.

– Klingt einfach, sagte Frankie und zog aufgeregt die Füße aufs Bett.

– Das ist einfach, sagte ich. Und jetzt nimm mal die Füße von meinem Bett.

Er nahm die Füße von meinem Bett und fragte:

– Und wo fangen wir an?

Wir fingen bei Magda an, indem wir das Krankenhaus am Ende der Besuchszeiten beobachteten. Am zweiten Tag hatten wir Glück und sahen Magda mit ihrem Pekinesen auf dem Arm herauskommen. Ich dachte mir, gleich lässt sie den Pekinesen auf den Boden runter, doch der Hund blieb auf ihrem Arm.

– Vielleicht klebt er an ihr fest, sagte Frankie kichernd, vielleicht gehen die beiden immer zusammen aufs Klo.
– Reiß dich mal zusammen, sagte ich.
Unser Plan war, Magda nach Hause zu verfolgen, dann wussten wir schon mal, wo sie wohnte. In der Nacht wollten wir dann zuschlagen. Es war ein guter Plan und wir dachten keine Sekunde daran, dass Magda ein Auto haben könnte. Sie setzte sich rein und fuhr einfach davon. Wir standen etwas ratlos da. Doch plötzlich sprang Frankie auf die Straße und winkte einem Taxi. Der Taxifahrer zeigte ihm einen Vogel und fuhr weiter. Als ich nach dem nächsten Taxi rief, hielt es an und wir stiegen ein.
– Bitte dem roten Auto da folgen, sagte ich und zeigte nach vorne.
– Seid ihr Geheimagenten?, fragte der Taxifahrer und folgte dem roten BMW.
– Wir sind Soldaten, sagte Frankie.
Der Taxifahrer sah in den Rückspiegel und zwinkerte uns zu. Für ihn waren wir Kinder, die spielten. Für uns war er ein Taxifahrer und nicht mehr.

Ich wurde die Hälfte von meinem Taschengeld los, aber jetzt wussten wir zumindest, wo Magda wohnte. Ich schrieb mir die Adresse auf, dann suchte ich mit Frankie die nächste Bushaltestelle und fuhr mit ihm zum Bahnhof

Zoo. Wir aßen jeder drei Donuts und zu Hause schaute ich auf den Stadtplan, wie wir am besten mit der S-Bahn zu Magda kommen konnten. Beim Abendbrot hatten wir kaum Hunger und Mutter fragte, ob wir im Krankenhaus gewesen wären. Wir sagten, wir wären nicht im Krankenhaus gewesen. Mutter fand das gut. Und dann wurde es Nacht.

Eigentlich war es ganz einfach. Erst nahmen wir die S-Bahn, dann liefen wir ein Stück zu Fuß. Es waren nur Familienhäuser in der Straße, keine Wohnblöcke, in denen hundert Menschen wohnten, sondern schöne Häuser und jedes hatte seinen eigenen Garten. Es roch nach Herbst, obwohl wir Sommer hatten, und es war ein wenig kalt, was wahrscheinlich an dem Wald lag.
– Wald ist gruselig, sagte Frankie.
– Wir sind doch gleich wieder weg.
– Ja, aber Wald ist dennoch gruselig. Zeig noch mal die Pistole.
Ich zeigte ihm noch einmal die Pistole. Ich hatte sie auf dem Dachboden in einem Karton zwischen alten Spielsachen gefunden. Sie war aus Plastik und sah aus wie eine Spielzeugpistole. Aber ich hatte mal in einem Film gesehen, dass so eine Spielzeugpistole ganz anders aussah, wenn man sie ein wenig ansprühte. Also habe ich aus Papas Hobbykeller eine Spraydose geholt. Jetzt ist die Pis-

tole metallic Schwarz und klebt ein bisschen, dafür aber wirkt sie so echt, dass Frankie jedes Mal *Wow!* sagte, wenn er sie in die Hand nahm.

– Wow!, sagte Frankie und zielte auf das Haus und schoss eines der Fenster kaputt. Er pustete über den Waffenlauf und gab mir die Pistole zurück.

– Ist noch heiß, sagte er und kicherte.

– Ist noch klebrig, sagte ich und steckte die Pistole wieder in den Rucksack.

Eigentlich wurde es ab da noch einfacher. Wir hatten vor, durch eine der Haustüren hineinzukommen. Das machten die Leute in den Filmen immer so.

Es war elf Uhr abends, Mutter schlief, Vater lag im Krankenhaus, Magda saß in ihrem Haus und wir schlichen durch das Gartentor und um Magdas Haus herum. Es ging vier Stufen in den Garten hinunter.

– Da brennt Licht, sagte Frankie.

Wir hatten schon in zwei Fenstern Licht gesehen, das hier war ein anderes Licht. Es war winzig und brannte über einer schmalen Tür, die in den Keller führte. Bei uns im Keller hatte Vater sein Werkzeug und einen alten Flipper, der nicht mehr funktionierte. Vor diesen Kellerfenstern hingen Jalousien. Ich drückte die Klinke hinunter und die Tür ging auf. Natürlich ging sie auf. Filme lügen nicht.

– Du als Erster, sagte ich.
– Nee, sagte Frankie.
Ich ging vor und wartete, bis sich meine Augen an die Dunkelheit gewöhnt hatten. Es roch nach Kartoffeln und alten Turnschuhen. Ich nahm den Rucksack von meiner Schulter, holte die Pistole raus, schulterte den Rucksack wieder und erkannte im Dunkeln eine Treppe, die zum Erdgeschoss hochführte.
– Da hoch, sagte ich und machte den ersten, dann den zweiten, dann den dritten Schritt.
– Und sei schön leise, sagte ich, wir müssen sie gut erschrecken.
Frankie sagte darauf nichts. Ich drehte mich um. Frankie war verschwunden.

Ich verließ das Haus wieder und schaute mich im dunklen Garten um, drehte eine Runde ums Haus und kam wieder zu der offenen Tür. Ich steckte den Kopf ins Haus und sagte halblaut:
– Frankie?
Vielleicht war er an mir vorbeigeschlichen, ohne dass ich es gemerkt hatte. Frankie dachte sich immer irgendwelchen Blödsinn aus. Wahrscheinlich saß er im Dunkeln und klapperte vor Angst mit den Zähnen.
– He, Frankie?
Ich ging wieder rein und suchte nach dem Lichtschalter.

Magda konnte jetzt ruhig wissen, dass wir hier waren. Erschrecken würde sie sich so und so.
Das Licht tat gut.
Dafür, dass es der Keller war, hatten sie es hier chic. Kunstdrucke hingen an den Wänden, ein Fußabtreter lag auf dem Boden, auf einer Kommode stand in einer Vase ein Strauß getrockneter Blumen. Ich wollte eben wieder die Treppe zum Erdgeschoss hochgehen, als ich eine Stimme hörte. Ich blieb stehen, schaute den Kellergang hinunter, der in einer Tür endete. Leise schlich ich hinüber und probierte die Klinke aus. In diesem Haus gab es wohl keine Schlüssel. Ich drückte die Tür auf und wäre beinahe weggerannt.
Vor mir lag ein großer Raum. Teppich auf dem Boden, Sofa an der Wand, Musikanlage unter dem Kellerfenster, Dartboard mit Dartpfeilern, ein blubberndes Aquarium, zwei Plakate von halb nackten Frauen und Frankie. Er saß auf einem Stuhl und war gefesselt und geknebelt. Neben Frankie stand ein Junge, der bestimmt vier Jahre älter war als ich, und schlug Frankie mit einem Ballon auf den Kopf.
– Oh!, rief der Junge, als ich reinkam, und ließ den Ballon fallen. Ich zielte mit der Pistole auf seine Nase:
– Willst du Krieg?
Der Junge schüttelte den Kopf und lachte dann los. Er kam auf mich zu und wollte mir die Pistole aus der Hand nehmen. Die Pistole klebte an meinen Fingern fest. Der

Junge schüttelte die Pistole, als würde er mir die Hand schütteln. Ich hätte ihn bis dahin mindestens zehn Mal erschießen können.
– Du bist seine Schwester, sagte der Junge und ließ die Pistole los.
– Richtig, sagte ich.
– Er hat mir alles verraten, auch dass das keine echte Pistole ist.
– Danke, Frankie, sagte ich.
Frankie machte *Mhmmmmcghmsggh* und saß wieder still. Die Pistole klebte noch immer an meiner Hand, ich versteckte sie hinter meinem Rücken.
– Ihr seid also die Kinder von Oskar, sagte der Junge. Und ihr wollt Krieg, was?
Ich wusste nicht, was ihm Frankie alles erzählt hatte, also hielt ich einfach erst mal den Mund, um nicht zu viel zu verraten.
– Das trifft sich gut, sagte der Junge. Denn ich bin auch hier, um Krieg zu führen.
Er zeigte nach oben.
– Ich bespitzle dieses Haus schon seit zwei Monaten und habe mich in diesem Keller hier einquartiert, um den Feind auszuspionieren. Die verlogene Frau da oben hat dasselbe mit meinem Vater getan wie mit eurem. Nur dass mein Vater nicht aus Deutschland ist, mein Vater ist aus Kroatien. Meine Mutter auch. Und wenn in Kroatien

jemand der Frau ihren Mann wegnimmt, dann gibt es Blutrache, verstehst du?

Der Junge ballte die Faust und fletschte ein wenig die Zähne, damit ich sehen konnte, wie Blutrache aussah.

– Wir können zusammenarbeiten und den Feind niedermachen, schlug er vor und ging an mir vorbei aus dem Kellerraum. Die Tür fiel hinter ihm ins Schloss und ich rannte schnell zu Frankie, um ihn zu befreien. Er war von oben bis unten mit Klebeband umwickelt. Ich zupfte und riss. Als ich seinen Mund frei hatte, machte Frankie *Puh.* Als ich seine Arme frei hatte, umarmte er mich und wollte nicht loslassen. Seine Beine bekam ich nicht frei, denn die Kellertür flog auf und der Junge war zurück.

– Damit geht es besser, sagte er und schwenkte eine Axt. Mit einem Schlag durchtrennte er das Klebeband um Frankies Füße. Wenn man nicht wusste, was er da tat, sah es aus, als wollte er meinen kleinen Bruder in der Mitte spalten. Frankie wusste es zwar, dennoch erschrak er so sehr, dass er sich einpinkelte.

– Ist nicht so schlimm, sagte der Junge, Angst gehört dazu.

Sein Name war Zlatko Bibibic, was ein wenig komisch klang, aber keiner von uns lachte.

– Ich war in der Armee, sagte Zlatko und schlug sich gegen die Brust. Ich weiß, was ich tun muss. Wir gehen jetzt hoch. Hier, schmiert euch das ins Gesicht.

Er zog eine Dose Schuhcreme aus der Hosentasche.
– Damit seid ihr getarnt und niemand wird euch wieder erkennen, wenn später die Polizei kommt. Macht euch Striche ins Gesicht. So und so. Das ist das Zeichen der Partisanen. Ja, so ist gut.
– Und wie sieht der Plan aus?, fragte ich, obwohl mir ein wenig mulmig zu Mute war. Zlatko Bibibic klang zwar wie ein Verrückter, aber vielleicht hatten wir den gleichen Plan.
– Wir rennen hoch und treten die Tür auf, sagte Zlatko Bibibic. Und dann schnappen wir uns diese verlogene Frau und schlagen ihr erst mal eine Hand ab. Hier, nimm das Klebeband, damit wird sie gefesselt. Bevor wir sie fesseln, legen wir die Hand ins Gefrierfach, dann zwingen wir die verlogene Frau einen Vertrag zu unterschreiben, dass sie euren und meinen Vater nie mehr wieder sieht und aufhört verlogen zu sein. Wenn sie unterschrieben hat, nähen wir ihr die Hand wieder an und verschwinden. So führt man Krieg, ist das klar?
Es war klar, dass Zlatko Bibibic nicht nur verrückt, sondern völlig durchgeknallt war. Frankie und ich hatten vorgehabt, Magda zu erschrecken, wir wollten ihre Hand nicht ins Gefrierfach legen.
– Ich glaube, wir müssen wieder nach Hause, sagte ich und zog Frankie zur Tür.
– Nee, sagte Zlatko Bibibic. So geht das nicht. Nachher verpfeift ihr mich bei der Militärpolizei und dann bin ich

dran. Ich will vor kein Kriegsgericht gestellt werden, weil ich bei meiner Mission versagt habe. Kroatien setzt auf mich, also könnt ihr nicht einfach so gehen. Ich muss euch wohl fesseln und in kleine Stücke hacken, oder was meint ihr?

Frankie war bis eben still gewesen. Ich hatte gesehen, wie er zusammengezuckt war, als es um die abgehackte Hand ging. Das war jetzt alles vorbei, als Zlatko Bibibic uns drohte. Frankie machte den Mund auf und kreischte. Zlatko Bibibic hielt ihm den Mund zu, aber irgendwie wurde das Kreischen kaum leiser. Also hielt er ihm auch noch die Nase zu. Mein kleiner Bruder wurde dunkelrot im Gesicht und ich schlug Zlatko Bibibics Hand zur Seite.

– He, das ist mein Bruder, sagte ich.

– Zumindest schreit er jetzt nicht mehr, sagte Zlatko Bibibic und klopfte Frankie kameradschaftlich auf die Schulter.

– Zeig mir, dass du ein Soldat bist, sagte er.

– Bin kein Soldat, sagte Frankie und zupfte an seiner eingepinkelten Hose.

– Kommt ihr jetzt und macht Krieg?, fragte Zlatko Bibibic.

Frankie sah mich an. Ich sah Frankie an. Zlatko Bibibic schulterte die Axt. Frankie und ich nickten gleichzeitig.

Ich weiß nicht, wie das von außen ausgesehen haben muss, bestimmt sah es nicht witzig aus. Zwei Jungen und ein Mädchen schlichen im Dunkeln aus dem Keller eine Treppe hoch in den Hausflur, sie hatten Schuhcreme im Gesicht und spielten Krieg. Ich hatte mir das alles anders vorgestellt. Zum Glück war die Tür oben verschlossen.

– Kein Problem, sagte Zlatko Bibibics Stimme aus dem Dunkeln heraus. Ich habe mein Werkzeug dabei.

Wir hörten das Klimpern von Schlüsseln, dann öffnete sich die Tür einen Spaltbreit und Licht fiel raus. Frankie und ich sahen Zlatko Bibibic grinsen.

– Seid ihr bereit?, fragte er.

Ich nickte, denn ich hatte vor, mit Frankie wegzurennen, sobald Zlatko Bibibic durch die Tür getreten war, aber so weit kam es nicht. Die Tür wurde aufgerissen und da stand Magda vor uns. In der einen Hand hielt sie ihren Pekinesen, in der anderen die Türklinke.

– Was ist denn hier los?, fragte sie und drückte den Pekinesen an ihre Brust.

Krieg!, schrie Frankie plötzlich laut und rannte die Treppe in den Keller runter.

Magda beugte sich vor und schaute ihm hinterher, dann sagte sie zu Zlatko Bibibic:

– Paul, was hast du dir ins Gesicht geschmiert?

– Nichts, Mama, sagte Zlatko Bibibic.

Der Pekinese begann zu hecheln.

– Und die Axt?, fragte Magda.

Zlatko Bibibic wurde unter all der Schuhcreme rot und stellte die Axt auf den Boden. Jetzt sah mich Magda zum ersten Mal an.
– Und wer bist du?, fragte sie.
Ich blinzelte verwirrt. Ich wusste nicht mehr, wer ich war. Der Pekinese grinste mich an.

Nachdem wir Frankie hinter den Mülltonnen gefunden hatten, bekam ich mit heißem Wasser die festgeklebte Pistole von meiner Hand los und schrubbte Frankies und mein Gesicht, bis es schmerzte. Magda fuhr uns mit ihrem Auto nach Hause. Frankie musste hinten auf einer Plastiktüte sitzen, ich saß neben Magda und hatte den Pekinesen auf dem Schoß. Magda sagte, dass Paul verrückt spielen würde, seitdem sie sich von seinem Vater hatte scheiden lassen.
– Was ist denn eure Rechtfertigung?, wollte sie von uns wissen.
Ich hatte schon längst begriffen, dass sie uns nach der kurzen Begegnung im Krankenhaus nicht erkannte hatte. Auch als ich ihr die Straße sagte, in der wir wohnten, ahnte sie nichts. Also antwortete ich:
– Unser Vater ist auch gestorben. Unsere Mutter hat ihn getötet.
– Brecht ihr deswegen in fremden Häusern ein?, fragte Magda.

– Nur unter der Woche, sagte Frankie.
– Und am Wochenende?, sagte Magda.
– Da machen wir frei, sagte Frankie vollkommen ernst.
Sie hielt zwei Häuser von unserem entfernt, was ich sehr gut fand, denn wenn Mama zufällig wach wurde, wäre das kein Spaß, Frankie und mich aus einem fremden Auto aussteigen zu sehen.
– Nie wieder Krieg?, fragte Magda und drehte sich zu Frankie um.
Er konnte ihr nicht antworten, er war eingeschlafen.
– Nie wieder, versprach ich für ihn.
– Gut.
Ich reichte Magda den Pekinesen und weckte Frankie, dann stiegen wir aus. Magda wendete und hielt noch einmal neben uns. Sie hatte das Fenster heruntergekurbelt und ich konnte riechen, dass sie sich eine Zigarette angezündet hatte.
– Nie wieder Oskar?, fragte sie uns.
Ich biss mir auf die Unterlippe, Frankie zupfte an seiner nassen Hose und sagte:
– Nie wieder.
– Gut, sagte Magda und fuhr davon.

Vater kam fünf Tage später aus dem Krankenhaus und suchte sich eine eigene Wohnung. Er versuchte Magda wieder zu sehen, aber Magda hatte kein Interesse mehr an ihm. Mutter drehte seine Bilder wieder um und machte eine Diät. Frankie ließ mich schwören, dass ich niemandem verriet, dass er sich eingepinkelt hatte. Ich ließ ihn schwören, dass er niemandem verriet, wie süß ich Magdas hässlichen Pekinesen gefunden hatte. Und keiner von uns sprach je wieder über Krieg.

Moment der Entscheidung

Jonas Torsten Krüger

»Hey, Fabian, machst du mit?«

Max drückte mit der einen Hand einen Reißnagel ins schwarze Brett, mit der anderen winkte er Fabian zu. Tippte dann auf den Zettel, den er gerade aufhängte. »›Schüler helfen leben‹, du weißt schon, die neue AG. Wie steht's?«

Fabian löste sich vom Treppengeländer, an dem er Richtung Freiheit unterwegs gewesen war: endlich Schulschluss. Machte einen Schritt auf Max zu, nickte und schüttelte dann gleich den Kopf – der dadurch aussah wie ein torkelnder, gerade angestupster Luftballon.

»Glaub nich«, murmelte er leise.

Max grinste müde, rückte ein letztes Mal das frisch angepinnte Papier zurecht und antwortete: »Na ja, wenn du's dir doch anders überlegen solltest, trag dich auf die Liste ein. Also bis morgen!«

Und weg war er.

»Bis morgen«, grunzte Fabian ihm hinterher, machte noch einen Schritt und las den Zettel durch. »Schüler helfen leben«, ja, davon hatte Max in der letzten SV-Stunde erzählt. 1993 hatte eine Gruppe Schüler sich zusammengetan, um den Kindern in Ex-Jugoslawien zu helfen. Sammelten Spielzeug und Lebensmittel und fuhren zum Verteilen sogar selbst rüber. Machten richtig große Spendenaktionen und so 'n Zeug.

Fabian rieb an der linken Backe, wo sich ein neues Pickelgebirge aus dem Magma seiner Pubertätshaut heraufschob, und flitzte weiter zum Schulhof. Und noch weiter. Überquerte Straßen, hüpfte an Bordsteinen entlang und erreichte den Grüneburgpark.

Ein warmer Februartag heute. Einer, der wenigstens so tat, als käme der Frühling bald: mit blauem Himmel und strahlender Sonne. Ein paar Schneereste lagen noch auf den Wiesen wie riesige, weggeworfene Styroporteile. Und drum herum die ersten Krokusse, als wären sie aus den weißen Teilen herausgepurzelt. Gelbe Krokusse, dachte Fabian. Die waren immer früher am Blühen als die lilafarbenen.

Scheiß-Krokusse, dachte er.

Eigentlich würde er gern mitmachen, bei der neuen AG. Die wollten eine Reise nach Bosnien auf die Beine stellen – wäre bestimmt spannend. Aber er würde nicht mitmachen.

Er machte nie mit.

Grübelnd ging Fabian durch den Park auf seine Lieblingsbank zu.

Crazy World, dachte er. Schon früher hatte er nur immer den Kopf geschüttelt, wenn die anderen Fußball spielten, Cliquen bildeten oder sich fürs Kino verabredeten.

Fabian hatte so lange Nein gesagt, bis sie ihn gar nicht mehr erst fragten. Und das nicht, weil er nicht wollte. Er traute sich nur nicht.

Crazy World, dachte er, einfach lächerlich. Schaute zur Sonne hoch und freute sich, dass er blinzeln musste – so stark war sie schon.

Nicht dass es ihm schlecht ging oder so. Alle mochten ihn, die Lehrer wie die Schüler, aber ...

»Fuck«, raunte Fabian einer im Gebüsch piepsenden Amsel zu.

Aber er hatte keine Freunde.

Merkwürdig, dachte er. Crazy.

Er wischte ein paar Tautropfen von seiner Lieblingsbank und setzte sich in die Sonne. Fummelte an seinem Discman herum und stöpselte sich die Ohren zu. Und drängte dabei die bescheuerten Grübelgedanken weg. Das ging leicht, denn das machte er seit Jahren, einfach wegdrängen, so wie man beim Schwimmen das Wasser zur Seite schiebt. Und trotzdem war es immer da: das Wasser – dieses beschissene Gefühl.

Fabian drehte die Lautstärke auf und ließ sich sein Lieblingslied in die Ohren brüllen. Beim Refrain summte er mit: *»Knife and gun and pistol hurts – but the hardest weapon: words.«* Ja, die schlimmste aller Waffen war das Wort. Und wenn er schon mal dabei war, konnte er's ja auch aussprechen.

»Feigling«, sagte Fabian leise – er brauchte gar nicht lange drum herum zu denken. Er war einfach ein dämlicher Zitterbaum. Einer, der nicht nur vorm Zahnarzt Angst hatte, sondern sogar vorm Friseur; einer, der nie ans Telefon ging, weil er nicht wusste, was er sagen sollte; einer, der sich bei Klassenpartys nie blicken ließ und auch nicht bei der neuen Schüler-AG mitmachen würde. Weil er Schiss hatte wie ein zitterndes Häschen, dem jemand eine Pumpgun vor die Schnauze hält. Er war ein Luschi, Waschlappen, Jämmerling, Weichei. Ein Feigling eben. Fabian traute sich nicht auf andere zuzugehen. Natürlich hatte er oft genug versucht, wie sein Vater immer sagte, den inneren Schweinehund zu besiegen, aber – es klappte einfach nicht.

»Fuck«, fluchte er noch einmal. Was für eine verrückte Welt. Woher kam das bloß? Von seinen Eltern bestimmt nicht. Die waren in Ordnung und machten sich schon lange Sorgen, warum er nie einen Freund mit nach Hause brachte. Er war auch nicht bescheuert oder so. Sogar sein Aussehen, von den Pickelgebirgen mal abgesehen, war kein Problem. Woher kam das, verdammt?

Die Fragen vermischten sich mit dem Beat der Musik.

Und Fabian fand keine Antworten, bis ihm jemand auf die Schulter tippte.

»Kannst du das bitte etwas leiser machen?«

Er schreckte auf und zog sich die Knöpfe aus den Ohren.

Hatte den Alten gar nicht bemerkt, der sich auf die Bank neben seiner gepflanzt hatte. Und dem das Geschepper von »*Knife and gun*« offenbar nicht gefiel.

»Klar«, sagte Fabian und drückte auf die Stopptaste. Die CD sirrte leise und schwieg. Frühes Vogelgezwitscher im Park. Die Stille – auch ganz schön.

Unauffällig musterte Fabian den Mann. Irrsinnig alt war der, mit hässlichen braunen Flecken auf den Händen und Falten wie Holzschnitzereien im Gesicht. Kaum Haare und die so schmutzig weiß wie die Schneereste. Aus der Brusttasche der verschlissenen grauen Jacke ragte ein Stück rosa Pappe heraus, das verdächtig nach Schwerbehindertenausweis aussah.

Gott ist der alt, dachte Fabian. Hoffentlich quatscht der mich nicht voll.

Der Rentner schien ihn gehört zu haben und legte prompt los: »Willst du 'ne Geschichte hören, Junge?«

Fuck, dachte Fabian und stand auf. »Nö. Ich muss nach Hause. Mittagessen und so.«

»Warte!« Der Alte hockte immer noch auf der grünen Parkbank, aber seine Hände hatten Fabians Arme blitzschnell gepackt und drückten zu, als wollten sie Wasser aus einem nassen Handtuch rauspressen.

»Bitte!«, sagte der Alte. Eines seiner Augen war ganz wässrig und mehr gelb als weiß. Fast so, als hätte jemand ihm da reingepinkelt.

Was für ein Mist, dachte Fabian, ließ sich aber wieder auf seinen Hintern fallen. Dieses »Bitte«, meine Güte, das hatte wirklich ernst geklungen. »Okay«, sagte er. Sollte der alte Spinner doch seine Geschichte loswerden, Hauptsache, das war keine von den bescheuerten Als-ich-im-Krieg-war-Storys.

»Russlandfeldzug«, sagte der Gelbäugige prompt und diesmal stöhnte Fabian nicht nur im Kopf. Er hatte es ja geahnt! Wieder einer von den alten Säcken, die einen mit ihrem Kriegsscheiß voll schwafelten.

»Tut mir echt Leid«, sagte er, »aber ich muss wirklich nach Hause.«

»Bitte.« Das tränende gelbe Auge glotzte ihn an. »Ich muss sie noch einmal erzählen und ich habe niemanden.«

Fabian zögerte.

»Es ist eine kurze Geschichte. Bitte. Aber ich muss sie noch einmal erzählen. Andersherum. Ja. Ich werde sie dir andersherum erzählen. Verstehst du?«

Zum zweiten Mal heute spielte Fabians Kopf Luftballon: Er nickte und schüttelte. Verstand kein Wort. Aber er lehnte sich wieder an die Banklehne und blinzelte der Sonne zu. Was soll's, dachte er. Und sagte leise: »Also gut.«

Der Alte hustete und rieb sich das tränende Auge. »Russlandfeldzug«, wiederholte er. »Richtung Stalingrad. Lernt ihr darüber noch was in der Schule, Junge?«

Fabian erinnerte sich schwach, ärgerte sich, weil er dieses »Junge« nicht leiden konnte, und hoffte, dass das wenigstens nicht so ein alter Naziarsch war, der da neben ihm hockte. Schließlich nickte er nur.

»Wirklich?« Wieder hustete der Alte. »Schaut ihr euch tatsächlich die alten Fotos an? Erfrorene Leichen, übereinander liegend wie Fischstäbchen? Verbrannte Gesichter mit einer Haut, die sich bis zu den Schädelknochen ablöst? Halb aufgefressene Rotarmisten und gehängte Partisanen? Mehr als 100 000 Tote in Stalingrad, 1943, mein Junge, bis zur Kapitulation der so großartigen 6. Armee. Verflucht.«

Der Alte hustete und breitete die Arme aus, als würde er die tausenden von Toten durch den sonnenhellen Park spazieren sehen. Vielleicht tat er das ja auch, dachte Fabian. Langsam wurde ihm unheimlich zu Mute.

»Aber in Stalingrad«, hörte er weiter, »war ich schon gar nicht mehr dabei. Was ich dir erzählen will, geschah zwei Jahre vorher. Irgendwo im Kaukasus. Gott, war ich jung damals.« Die Stimme begann zu zittern. »Kannst du dir vorstellen, dass ich jung war? Gerade mal achtzehn?«

Fabian wagte nicht ihn anzusehen. Das konnte er sich wahrhaftig nicht vorstellen. Da war ja ein Lichtschwert der Jedi-Ritter noch realistischer.

»Kannst du nicht«, sagte der Alte bitter und spuckte aus. Selbst der Speichel schien Fabian verschrumpelt und grau.

»Wir waren zu zweit.« Offenbar fing jetzt die richtige Geschichte an. »Zwei Jungs aus dem gleichen Dorf. Das allein machte aus uns zwar keine Freunde, aber . . . Kameraden.« Der Alte zögerte. »Verfluchtes Wort.« Wieder rieb er sich das Auge. Starrte dann auf Fabians Rucksack.
»Ich konnte so ein Ding nie wieder tragen«, erklärte der Alte. »Konnte so was später niemals wieder benutzen. Rucksack. Tornister. Zum Teufel.«
Noch einmal überlegte Fabian, ob er nicht abhauen sollte – der Typ war doch nicht ganz dicht unter seinem schneematschweißen Haar.
»Ich . . . ich nannte ihn Grübchen«, hörte er dann doch weiter zu. »Den anderen Jungen aus meinem Dorf. Grübchen. Der hatte beim Lachen nicht nur kleine Löcher, sondern so was wie drei große Schlitze in den Wangen. Riesengrübchen. So wie Kiemenspalten bei Fischen.«
Der Alte hustete und schwieg eine Weile. Machte weiter. »Grübchen war noch jünger als ich. Grade mal siebzehn. Hatte sich ein Jahr älter gemacht, der Dummkopf. Jedenfalls kamen wir aus dem gleichen Dorf und trieben ein paar Jahre auf dieser Scheiß-Flutwelle, die als Zweiter Weltkrieg über die Erdkugel schwappte. Bis wir 1941 im Kaukasus landeten. War uns aber egal – Lehm blieb Lehm und Dreck Dreck. Grübchen war da immer noch einfacher Infanterist, aber ich hatte es ein bisschen weitergebracht. Egal. Oder doch nicht.«

Wieder eine Pause und ein gelb glitzerndes Auge, das in die Februarsonne hochstarrte. Weit weg. Und nur mühsam fand es wieder zurück, um Fabian zu mustern.

»Schon mal 'ne Mine gesehen, Junge? Oh, was für Apparaturen! Ich bin in den Jahren nach dem Krieg Spezialist für Minen geworden. Ein französisches Wort, weißt du?«

Fabian blieb stumm. Ihm fiel nur das Sprichwort ein: »Gute Miene zum bösen Spiel machen« – und er hielt sich daran.

»Es gibt viele Arten von diesen Sprengteufeln. Es gibt Land- und Seeminen, Schützenminen, Panzerminen, Ankerminen oder Grundminen – und eine, die Antipersonenmine heißt.«

Schon wieder ein Husten.

»Landminen unter der Erde. Druckzünder lösen sie aus. Du trittst drauf und hast es hinter dir. Pffffttttt!« Der Alte warf seine zitternden Hände hoch; die Altersflecken schienen zu schwimmen wie Kontinente auf einem braunen Meer. Als die Finger wieder in seinem Schoß lagen, musterte er sie lange.

Erzählte weiter:

»Aber diejenigen, die nebendran stehen, müssen auch aufpassen.« Er grunzte und rieb sich die Augen. »Also, Grübchen und ich . . . wir waren fast Freunde. Ich ein . . . kleiner Offizier, der alles tat, was der große Offizier über mir befahl. Und ein Lager in kriegsverbrannter Steppe, in einem rauchgrauen Himmel, irgendwann 1941.« Die Stimme zitterte wieder, wurde leiser. »Irgendwo, wo es verdammich viele dieser Tellerminen gab, von den Russen ausgelegt. Verstehst du?«

Diesmal nickte Fabian. Das kapierte er.

»Wir hatten einen scharfen Hund als Kommandant. Unser Lager für diese Nacht stand in Rekordzeit, obwohl wir den ganzen Tag marschiert waren, durch eine Trümmerwelt, die grau war wie ein Schwarz-Weiß-Foto. Weil einer von uns am Abend desertierte, holte mich der Kommandant in sein Zelt. Er hockte über einer Schreibmaschine und tippte Berichte, Hände und Kopf in schwarze Netze gehüllt. Manchmal wegen der Mücken nicht anders zu ertragen, verstehst du? Blutsauger, fast so schlimm wie die Nazis. Wie ich.«

Fabian rutschte unruhig auf der Bank hin und her. Obwohl die Sonne immer noch Frühling spielte, wurde ihm langsam kalt. Das lag nicht an ihr, zugegeben. Es lag an diesem Alten, der jetzt gar nicht mehr aufhörte zu zittern. Seine Hände, sein Oberkörper, der Kopf, auch die Stimme: Alles zitterte jetzt heftig.

Fuck, dachte Fabian.

»Unser Kommandant befahl mir, die ganze Nacht lang die Wachen zu überprüfen. Und wenn ich eine beim Schlafen erwischen sollte, dann . . .« Die Stimme quietschte und vibrierte jetzt wie eine übersteuerte E-Gitarre. ». . . dann müsste ich ihn sofort liquidieren. Nicht mal standrechtlich erschießen, nein. Nur 'n einfachen Genickschuss.«

Fabian schauderte. Er konnte sich schon denken, worauf die Geschichte hinauslief. Gänsehaut kroch ihm über den Rücken, langsam, von unten nach oben, wie ein Bergsteiger auf Gipfeltour.

»Kurz nach vier in der Nacht rüttelte ich wirklich einen wach. Und natürlich war es Grübchen. Zu Tode erschrocken, starrte er in mein wütendes Gesicht, müde, so müde wie eine Biene im Herbst, nachdem sie den Sommer über tausende von Blüten angeflogen ist; sie torkelt nur noch, will endlich ihre Flügel zusammenklappen. Erschöpft und mit hohlen Wangen, starrte Grübchen mich an – und erkannte mich endlich. ›Du bist es‹, sagte er zu mir. ›Was für ein Glück. Hätt mich ein anderer gefunden, wär ich jetzt wohl tot.‹ Und ich meinte unseren Kommandanten schreien zu hören. Laut wie Hitler oder Goebbels. Die schrien ja immerzu. Seit Jahren bissen mich diese Schreie, das Kreischen der Sterbenden, das Gellen der Bomben. Überall Schreie. Ich . . . ich nahm mein Gewehr von der Schulter. Und legte an. ›Aber . . .‹, keuchte Grübchen und seine Augen wurden so groß wie am Himmel der Vollmond, den ich zwischen den Rauchschwaden von Granaten und Bomben schon ewig nicht mehr gesehen hatte. Und dann . . .« Wieder verzerrte sich die Stimme. Diese alte, uralte Stimme. »Ich hob die Waffe höher, ganz langsam. Ich wusste nicht, was ich tun sollte, und machte einen Schritt zurück.« Der Alte hustete und Fabian muckste sich kein bisschen. »Dann klickte es unter meinem Fuß. Ganz leise, aber jeder von uns kannte dieses Geräusch. Es blieb nur ein Blick, ein Blick zwischen zwei Kindern, die aus dem gleichen Dorf stammen, dann zerriss mich die Tellermine.«

Fabian keuchte auf. »Was . . . was?«, stammelte er und starrte in das Gesicht des Alten. Jetzt glitzerten beide Augen, sammelten sich mit Tränen und um die Lippen kräuselte sich ein schwaches Lächeln. Fabian starrte ihn an und kapierte. Was hatte der Alte gemeint? Er müsste seine Geschichte auch einmal »andersherum« erzählen?

»Du«, keuchte Fabian. »Du bist Grübchen.«

Unter den feuchtgelben Augen wurde das Lächeln größer, in die faltige Haut brachen Löcher hinein, tatsächlich wie Schlitze, wie Kiemen von einem Hai.

»Ja.« Nur geflüstert. So leise wie Schneeflocken, wenn sie auf den Boden fallen, kaum knisternd. »Er war auf der Stelle tot, zerplatzte vor meinen Augen. Eins davon bekam einen Splitter der Mine ab und sieht seitdem überhaupt nichts mehr.« Er rieb es heftig. »Ist aber vielleicht besser so.«

Fabian und einer, den sie früher Grübchen genannt hatten, saßen nebeneinander und starrten in den Park. Immer noch zwitscherten die Amseln. Immer noch lag hier und da ein Stück Schnee. Nur dass sie auf Fabian jetzt so wirkten wie Teile, einzelne, verstreute Körperteile.

»Verstehst du, Junge«, fragte der Alte schließlich, »warum ich die Geschichte auch einmal anders erzählen wollte?«

Fabian nickte. »Du . . . du hast dich gefragt, was passiert wäre, wenn . . .«

»Ja.« Der Alte drückte sich mühsam von der Bank hoch. »Mein ganzes Leben lang habe ich mich das gefragt. Ob er mich wirklich erschossen hätte. Es war . . .« Noch ein letztes Mal zögerte Grübchen und seufzte. »Es war ein Moment der Entscheidung. Ich glaube, dass es in jedem Leben so einen gibt. Ja oder Nein. Und nur ein paar verflucht kurze Augenblicke, um zu entscheiden. Wir fragen immer nach dem Warum, Junge? Warum passiert mir das? Weshalb so und nicht anders? Aber das ist vielleicht gar nicht so wichtig. Wichtig ist nur, was wir tun.« Das allerletzte Husten. Ein gemurmelter Abschied. Schlurfende, unsichere Schritte über den Kies.

Dann war der Grüneburgpark leer.

Fabian blieb noch eine ganze Weile sitzen. Die Gedanken sausten in seinem Kopf herum, als würden sie Schlittschuh laufen, und drehten die irrsinnigsten Pirouetten. Was für eine Geschichte. Und wie sie der Alte erzählt hatte. Wie verrückt, dass bald keiner von denen mehr da war, um solche Geschichten zu erzählen. Unheimlich und . . . traurig. *Wir fragen immer nach dem Warum* – aber das ist vielleicht wirklich nicht wichtig. 1941, das war ewig her. Und doch gab es diese Menschen, die immer noch erzählen konnten. *Crazy World.*

Fabian sprang schließlich auf und rannte los. Er versuchte schneller zu sein als seine Gedanken, hetzte durch den Park zurück in die Straßen, zurück zu den Bürgersteigen, zurück zur . . . Schule?

»Ein Moment der Entscheidung«, hatte Grübchen gesagt. »Ich glaube, dass es in jedem Leben so einen gibt.«

Als Fabian mit Seitenstechen und keuchendem Atem wieder vor dem schwarzen Brett stand, hatten sich die meisten Wirbelgedanken ihre Schlittschuhe abgebunden. Nur einer zog noch seine eleganten Runden in Fabians Kopf: »Wichtig ist nur, was wir tun.«

Verbissen nickte er und kramte in seinem Rucksack. Fischte einen Kuli heraus. Es stimmte. Er hatte immer nur gegrübelt, warum er so ein Feigling war. Warum er es nicht schaffte, einen Tick offener zu sein. Warum er Schiss hatte vor jedem anderen.

Aber das war egal. Schluss mit den halbherzigen Versuchen.

Fabian strich das Papier glatt, den Aufruhr zur »Schüler helfen leben«-AG.

Fuck, jetzt zitterten *seine* Finger. Und vielleicht würde er ja doch gar nicht hingehen. Zu feige sein.

Aber trotzdem kritzelte er seinen Namen drauf, direkt unter den von Max.
Immerhin.
Immerhin ein Anfang.

Das spannende Projekt »Schüler helfen leben« gibt es wirklich. Wer mehr darüber wissen will, schaue sich doch mal die Website an: www.shl-online.de
Gewidmet ist diese Geschichte Michael Dobler, meinem Expeditionsgefährten auf der Weltreise durch Literatur, Kunst und Kaffeehäuser.

. . . ein bisschen wie zu Hause

Carolin Philipps

Der erste Tag in der neuen Schule. Maria hatte in der letzten Nacht kein Auge zugetan, so aufgeregt war sie. Und jetzt, als sie im Halbdunkel des frühen Morgens mit ihrer Mutter vor dem Eingang zum Schulgebäude stand und auf ihre neue Klassenlehrerin wartete, war alles noch schlimmer, als sie befürchtet hatte.

Ein Novembermorgen um 7.30 Uhr in Deutschland. Es nieselte, am dunklen Himmel versammelten sich drohend die schwarzen Wolken. Ein kalter Wind wehte die Regentropfen in ihr Gesicht. Maria fror und zog ihre Mütze ganz tief über ihren Kopf. Zu Hause in Kasachstan hatte sie nie gefroren, obwohl es dort um diese Zeit viel kälter war und der Schnee viele Zentimeter dick auf dem gefrorenen Boden lag.

Aus allen Richtungen kamen Schüler angelaufen. Manche rannten munter umher, grüßten Freunde, andere schlurften müde mit gesenktem Blick über den Schulhof, bis sie auf Klassenkameraden trafen, von denen sie fröhlich begrüßt wurden. Alle kannten sich, lachten, erzählten.

Maria kannte niemanden. Niemand begrüßte sie, niemand lachte mit ihr. Neben ihr stand die Mutter, aber die war keine große Hilfe, denn sie fühlte sich genauso allein und fremd wie sie selber.

Dabei hatte sie zu Hause in Kasachstan immer erzählt: »Wir fahren nach Deutschland, in die Heimat. Dorthin, wo wir hingehören.«

Und jetzt?

Fremde Menschen, fremde Laute, eine fremde Welt. Das Stimmengewirr, das immer lauter wurde, je näher der Unterrichtsbeginn heranrückte, machte Maria Angst.

Jetzt kamen auch die Lehrer, Frauen und Männer, einige fröhlich plaudernd, manche etwas gehetzt. Sie grüßten freundlich und lächelten Maria und ihrer Mutter zu.

Maria lächelte nicht zurück. Sie sah durch die Menschen hindurch, hatte eine Maske vor ihr Gesicht gezogen, hinter der sie ihre Angst und die Traurigkeit verstecken konnte.

Eine junge Frau kam direkt auf sie zu, blieb stehen und streckte ihnen lächelnd die Hand entgegen. Die Mutter schüttelte sie. Die Frau sagte ein paar Worte, die Maria nicht verstand, und nahm auch Marias Hand.

Dann wandte sie sich zum Gehen und winkte Maria, ihr zu folgen.

Maria zögerte.

Die Mutter gab ihr einen Schubs. »Nun geh schon!«, sagte sie auf Russisch. »Das ist deine Lehrerin. Sei freundlich zu ihr.«

Mechanisch setzte Maria einen Fuß vor den anderen,

warf einen letzten Blick zurück zu ihrer Mutter, wäre am liebsten davongelaufen.
Jetzt war sie ganz allein. Zum ersten Mal, seit sie vor zwei Wochen in dieses fremde Land gekommen waren, alleine.
Ganz dicht drückte sie sich an die fremde Frau, fürchtete, sie in der Menge der Schüler, die von allen Seiten angelaufen kamen, zu verlieren. Sie spürte die Blicke der Jungen und Mädchen, sah, wie sie mit dem Finger auf sie zeigten, lachten, Fragen stellten, die Köpfe zusammensteckten und miteinander flüsterten.
Es gab ein Geschiebe, Gestoße, Geschubse, bis sie sich endlich in einem großen Raum wieder fand. Eine Tafel, Tische und Stühle, an den Wänden bunte Bilder. Die Kinder liefen in der Klasse umher, alles redete durcheinander. Es dauerte lange, bis die Lehrerin endlich Ruhe geschaffen hatte und die Kinder sich auf ihre Stühle setzten.
Das war ganz anders als zu Hause, dachte Maria verwirrt. Zu Hause sprangen alle Schüler auf und standen still, sobald der Lehrer den Raum betrat. Niemand hätte es gewagt, weiter herumzurennen oder zu reden.

Zu Hause, das war für Maria ein kleiner Ort in Kasachstan. Wenn man sie nach ihrer Meinung gefragt hätte, wäre sie dort geblieben und nie nach Deutschland gekommen. Was sollte sie hier?
Aber niemand hatte sie gefragt. Selbst der große Bruder

mit seinen 17 Jahren, der kurz vor dem Abschluss seiner Schulausbildung stand und dort eine Freundin hatte, war nicht gefragt worden.
Es waren ihre Eltern, die die Entscheidung getroffen hatten. Sie wollten zurück nach Deutschland, in die »Heimat«, wie sie es nannten. Dorthin, wo Marias Vorfahren vor über 250 Jahren gelebt hatten.
Damals hatte die Zarin Katharina II. deutsche Bauern nach Russland geholt, damit sie dort an der Wolga, dem großen Fluss, Kartoffeln und Getreide anbauen sollten. Die Bauern kamen gerne und in Scharen, denn das Leben in Russland hatte zu der Zeit mehr zu bieten als das in der alten Heimat. Jeder bekam ein Grundstück, jeder war frei und nicht mehr abhängig vom Grundherrn.
Viele Jahre lebten sie zufrieden neben den Russen. Aber immer dann, wenn es Probleme gab, Kriege zwischen den Ländern, Missernten, Krankheiten, immer dann waren die Deutschen in Russland auf einmal die Fremden, wurden zu Feinden gemacht. Ihre Schulen wurden geschlossen, deutsche Zeitungen verboten und überhaupt das Sprechen der deutschen Sprache untersagt.
Ganz schlimm wurde es im Jahr 1941 mitten im Zweiten Weltkrieg. Die Truppen Hitlers waren auf dem Vormarsch und näherten sich der Wolga. Da ordnete der russische Diktator Stalin die Umsiedlung der dortigen Deutschen nach Sibirien an.

Innerhalb von 24 Stunden mussten Marias Urgroßeltern mit ihren Kindern ihr Haus räumen; sie wurden mit hunderttausenden von Wolgadeutschen in Güterwagen verfrachtet und in Gegenden jenseits des Ural geschickt, wo sie wieder ganz von vorne anfangen mussten.

Marias Großmutter, die diese schreckliche Zeit als Kind miterlebte, hatte immer davon erzählt: wie sie mitten in der Steppe der russischen Provinz Kasachstan ausgeladen wurden, wie sie Monate brauchten, um eine Holzhütte zu bauen und etwas anzupflanzen, wie sie bei großer Kälte und oftmals hungrig auf den Feldern arbeiten mussten, wie die Urgroßmutter vor Schwäche zusammenbrach und starb.

Und eigentlich wussten sie gar nicht, warum das alles mit ihnen passierte. Nur weil ihre Vorfahren vor vielen Jahren aus Deutschland gekommen waren, wurden sie bestraft, wann immer sich die Politiker in Moskau und Berlin nicht auf friedliche Weise einigen konnten.

Auch nach dem Krieg blieb die Angst. In Kasachstan, wo sie ihre Dörfer neu aufgebaut, in der Wildnis ganz von vorne angefangen hatten, waren sie in guten Zeiten die »Njemszy«, die Deutschen, in schlechten nannte man sie »Faschisty«, die Faschisten. Und damit machte man sie verantwortlich für alles, was ihre russischen Mitbürger nach dem Krieg erleiden mussten.

Und weil das so war, hatten sich Marias Eltern in Kasachs-

tan, auch als die russische Provinz selbstständig wurde, immer mehr als Deutsche, immer mehr immer fremder gefühlt. Ihr Heimatland war für sie Deutschland, das Land, aus dem ihre Vorfahren einst ausgewandert waren.
Und weil es tausende Kilometer weit weg und noch niemand dort gewesen war, wurde das Land in ihren Träumen immer schöner. Ein Paradies, ein Schlaraffenland, in dem man alles kaufen konnte, jeder eine gute Ausbildung und Arbeit bekam, jeder sich sicher fühlen konnte und die Freiheit hatte, so zu leben, wie er es gerne wollte.
Und im Paradies war man auch nicht mehr der Fremde, der »Faschisty«. Man lebte als Deutscher unter Deutschen, war endlich daheim.
Jahrelang stellten die Eltern Ausreiseanträge. Vergeblich. Als die Ausreise dann doch genehmigt wurde, war die Freude bei den Eltern groß. Endlich sollte ihr Traum in Erfüllung gehen. Nur Maria und ihr Bruder konnten sich nicht so richtig freuen. Maria wäre lieber bei ihren Freundinnen geblieben. Und sie hatte Angst. Angst vor den fremden Menschen, Angst vor der fremden Sprache, die sie im Gegensatz zu ihren Eltern nicht würde verstehen können, Angst vor dem, was ihre Eltern als »Heimat« bezeichneten.
Wenn sie weinte, nahm die Mutter sie in den Arm und tröstete sie: »Du wirst sehen, wie schön es wird. Die deutsche Sprache lernst du schnell. Ich helfe dir dabei.

Und Freundinnen wirst du viele haben. Niemand wird dich mehr beleidigen, weil du Deutsche bist. Wir werden eine schöne große Wohnung haben, Vater und ich werden viel Geld verdienen, wir können uns alles kaufen.«
So viele wunderschöne Träume, die den Abschied leichter ertragen ließen.

Aber schon bei der Ankunft in Deutschland zerplatzten die ersten Träume wie zu prall gefüllte Luftballons. Es gab keine schöne Wohnung, nur zwei Zimmer in einem Übergangsheim. Wohncontainer am Rande der Stadt, direkt an der S-Bahn. Hier lebten zum Teil seit über einem Jahr Deutsche aus Polen und Russland, aber auch Asylbewerber aus Afrika und Asien.
In den Zimmern standen alte Möbel vom Roten Kreuz, alles Spenden aus der Bevölkerung.
In Russland wären sie froh gewesen über den alten Wohnzimmerschrank mit den gelb schimmernden Glasscheiben. Und in Russland wären auch die Kratzer und die abgestoßenen Ecken nicht weiter schlimm gewesen. Ins Paradies aber passte er nicht, war viel zu alt und schäbig.
Und natürlich fanden die Eltern nicht sofort Arbeit. Man sagte ihnen, dass ihre Schulabschlüsse nicht anerkannt würden, und wer weiß, ob sie bei der hohen Arbeitslosigkeit überhaupt eine Arbeit finden würden.

Zu Hause hatte der Vater auf einem Bauernhof als Melker gearbeitet, die Mutter auf den Feldern und wo sonst Arbeit anfiel. Hier in der Stadt wurde ihre Arbeitskraft nicht gebraucht. Sie sollten eine Umschulung machen.
»Zunächst aber müssen Sie alle Deutsch lernen!«, hatte die Betreuerin vom Roten Kreuz erklärt.
Das traf vor allem die Mutter, denn sie hatte bis zu diesem Zeitpunkt geglaubt, dass sie die deutsche Sprache richtig gut beherrschen würde. Und in Kasachstan hatte das ja auch gestimmt.
»Unser Deutsch ist anders«, erklärte sie Maria am Abend traurig. »Wir sprechen so wie unsere Vorfahren vor 250 Jahren. Hier in der alten Heimat hat sich alles verändert, auch die Sprache, bei uns ist sie wie eingefroren gewesen. Man versteht uns hier nicht.«
Die versprochenen neuen Kleider konnten auch nicht gekauft werden. Marias Eltern war es sehr peinlich, dass sie überall Geschenke annehmen mussten, weil sie kein eigenes Geld verdienen konnten, sondern auf das Geld vom Staat angewiesen waren.
»Wir sind Bettler geworden!«, sagte der Vater traurig, und nur wer ihn kannte und wusste, wie stolz er immer darauf gewesen war, alles mit eigenen Händen geschafft zu haben, konnte ahnen, wie schwer es ihm fiel, sich alles schenken zu lassen.
Im Pfarramt gab es eine Kleiderkammer, in der die Ge-

meindemitglieder abgelegte Röcke und Hosen, Mäntel und Pullover abgaben. Dort wurde auch Maria mit ihrer Familie neu eingekleidet.

Einen Tag lang freute sie sich über die enge Jeans mit dem roten Pullover und der gelben Jacke, bis sie bei einem Bummel durch die Stadt feststellte, dass die anderen Mädchen Hosen mit weitem Schlag trugen und niemand unter einer dottergelben Jacke einen knallroten Pullover trug.

So wie sie sah niemand aus.

Am Wochenende kauften sie auf dem Markt ein. Ganz langsam sprach die Mutter, damit man ihr Deutsch verstehen konnte. Oft musste sie ihre Wünsche dreimal sagen. Der Verkäufer wurde schnell ungeduldig, die wartenden Menschen in der Schlange hinter ihnen ebenfalls.

Es war am Eierstand, als ein Mann, der hinter ihnen stand, genervt zu seiner Frau sagte: »Was wollen die Russen hier? Warum bleiben sie nicht in Russland, wenn sie nicht mal Deutsch sprechen?«

Da waren sie zurückgefahren, ohne Eier zu kaufen.

Die Mutter weinte des Öfteren in den nächsten Tagen. Maria versuchte sie zu trösten, aber sie schickte sie weg und weinte weiter.

»Sie weint um ihre Heimat«, sagte der Vater. »In Russland waren wir die Deutschen, hier sind wir die Russen. Wir

sind überall Ausländer. Für uns gibt es die Heimat offenbar nur in unseren Träumen.«
»Lass uns zurückgehen!«
Der Vater schüttelte den Kopf. »So einfach ist das nicht. Ich fürchte, wir können nicht einfach zurück nach Kasachstan. Und so schnell gebe ich nicht auf. Wir sind erst zwei Wochen hier.«

Und so kam es, dass Maria an diesem Morgen zum ersten Mal in die deutsche Schule gehen musste.
Sie drückte sich eng an die Lehrerin und wartete geduldig, bis sich das Chaos gelegt hatte und alle auf ihren Plätzen saßen.
»Das ist Maria!«, erklärte die Lehrerin den Schülern, die Maria neugierig betrachteten. Dann zeigte sie auf den leeren Platz neben einem Mädchen in der letzten Reihe.
Maria ging zögernd auf den Stuhl zu.
Sie spürte, wie alle Augen jede ihrer Bewegungen verfolgten. Vor Aufregung stolperte sie über eine Schultasche, die mitten im Gang lag, und wäre beinahe hingefallen.
Einige Schüler kicherten, andere riefen ihr etwas zu. Sie verstand die Worte nicht, wusste aber, dass man sich über sie lustig machte.
Mit einem Plumps fiel sie auf den Stuhl und war dankbar, dass die Lehrerin irgendetwas sagte und alle in ihren Ta-

schen wühlten. Hefte und Bücher wurden auf den Tisch gelegt.

Maria traute sich kaum zu atmen, um die Aufmerksamkeit der anderen nicht erneut auf sich zu lenken. Als das Mädchen neben ihr sie anstieß, zuckte sie zusammen.

»Menja sowut Dina. Ia rada, tschto ti jest. Teper mi wdwojöm.«*

Die vertrauten Laute schwebten in der Luft und flogen dann ganz sanft in Marias Ohren. Für einen Moment hielt sie die Luft an. Dann ging ein Strahlen über ihr Gesicht und auf einmal fühlte sie sich ein bisschen wie zu Hause.

* »Ich heiße Dina. Ich bin froh, dass du da bist. Jetzt sind wir schon zu zweit.«

Wer hat angefangen?

Guy Rewenig

Linda und Armin haben sich in der Pause zerkloppt. Linda hat ein paar dicke Beulen, Armin ein paar saftige Schrammen.

»Er hat angefangen!«, sagt Linda zur Lehrerin.

»Was? Lügnerin!«, schreit Armin. »Sie hat angefangen!«

So geht das fast fünf Minuten lang hin und her.

Die Lehrerin hört nur mehr: »Nein, er!« – »Nein, sie!« – »Nein, er, er, er!« – »Nein, sie, sie, sie!«

Dann sagt sie: »Wer angefangen hat, spielt keine Rolle. Jetzt seid ihr beide still und setzt euch hin! Jetzt wird weitergearbeitet!«

»Wart's ab!«, zischt Linda. »Morgen kommt mein Vater zur Schule!«

Am nächsten Morgen steht Lindas Vater vor der Schule. Er war früher Boxer und hat ganz breite Schultern.

Aber vor der Schule wartet auch Armins großer Bruder. Er ist Landesmeister im Judo und einen Kopf größer als Lindas Vater.

Bevor die Lehrerin etwas sagen kann, verhauen die beiden Männer sich, dass es splittert und kracht.

Weil keiner dem anderen überlegen ist, ruft Armins Bruder: »Wart's ab! Morgen kommt mein Kumpel Lupo zur Schule! Das gibt Heulen und Zähneknirschen!«

»Er soll nur kommen!«, ruft Lindas Vater. »Dann hol ich meinen Vetter Willi, der rammt deinen Lupo mit einem einzigen Schlag in die Erde!«
Am zweiten Tag wartet Lupo vor der Schule auf Willi. Lupo ist Baggerführer und hat zwei Hände so breit wie Schaufeln. Doch als er Willi sieht, denkt er: Das wird kein Zuckerschlecken.
Willi arbeitet im Stahlwerk und hat zwei Fäuste so hart wie Eisenkugeln.
Die Lehrerin wagt gar nicht mehr sich einzumischen.
Die beiden Männer verprügeln sich, dass ihnen Hören und Sehen vergeht.
Aber weil keiner stärker ist als der andere, ruft Lupo am Ende: »Wart's ab! Morgen komm ich mit meinem ganzen Fußballverein! Dann fliegen hier mal richtig die Fetzen!«
»Nimm dich nur in Acht, du Wicht!«, ruft Willi. »Ich komme mit meinem ganzen Kegelklub und dann herrscht hier Krieg!«
Am dritten Tag wartet Lupos Fußballverein vor der Schule. Es sind vierzehn Mann einschließlich Präsident, Sekretär und Kassenwart. Alle halten Holzlatten in den Fäusten und sehen schrecklich gefährlich aus. Doch die sechzehn Männer aus Willis Kegelklub tragen Motorradhelme auf den Köpfen und halten Fahrradketten in den Fäusten.
Die Lehrerin ruft schnell die Kinder in die Schule und verriegelt die Eingangstür.

In der Pause sind die dreißig Männer noch immer nicht fertig mit ihrem Krieg. Sie brüllen wie verrückt und durch die Luft fliegen Holzlattensplitter und Fahrradkettenteile.

Linda steht friedlich mit Armin zusammen auf dem Schulhof.

»Schau nur diese Schläger!«, sagt Linda. »Machen die einen Höllenlärm!«

»Ich frag mich, wer mit dieser blöden Schlägerei angefangen hat«, sagt Armin und schüttelt den Kopf.

AUTORINNEN UND AUTOREN

Aygen-Sibel Çelik wurde 1969 in Istanbul geboren. Sie lebt seit insgesamt ca. 28 Jahren im Raum Frankfurt am Main. Sowohl während ihres Studiums der Kinder- und Jugendbuchforschung und Pädagogik als auch als freie Autorin beschäftigte sich die jetzt 35-jährige Redakteurin in diversen Artikeln und Bücherrezensionen mit der Darstellung des Fremden in der Kinder- und Jugendliteratur. Seit einem Jahr schreibt und illustriert sie ihre eigenen Kindergeschichten.

Zoran Drvenkar wurde 1967 in Krizevci, Kroatien, geboren und zog als Dreijähriger mit seinen Eltern nach Berlin. Seit 1989 arbeitet er als freier Schriftsteller. Für seine Romane, Gedichte, Theaterstücke und Kurzgeschichten wurde er mit zahlreichen Literaturstipendien und Preisen ausgezeichnet, unter anderem mit dem Oldenburger Kinder- und Jugendbuchpreis. Er lebt zurzeit in Berlin.

Paulus Hochgatterer wurde 1961 in Amstetten, Niederösterreich, geboren, studierte in Wien Medizin und Psychologie und lebt als Kinder- und Jugendpsychiater und Schriftsteller in Wien. Für seine Texte wurde Paulus Hochgatterer mehrfach ausgezeichnet; zuletzt wurde ihm der Österreichische Förderungspreis für Literatur 1998 verliehen.

Irma Krauß lebt in der Nähe von Augsburg. Nach ihrem Pädagogikstudium arbeitete sie zunächst als Lehrerin. Als ihre drei Kinder größer wurden, begann sie zu schreiben. Nach einem Roman für Erwachsene veröffentlichte sie zahlreiche zum Teil

preisgekrönte und in mehrere Sprachen übersetzte Kinder- und Jugendbücher. 1998 erhielt Irma Krauß den Peter-Härtling-Preis für Kinder- und Jugendliteratur.
Weitere Informationen unter *www.irma-krauss.de.*

Jonas Torsten Krüger wurde in Frankfurt am Main geboren, studierte u. a. Kunstgeschichte, Germanistik, Musikwissenschaft und Botanik; arbeitete in einer psychologischen Praxis und als Barpianist, veröffentlichte Gedichte, Kurzgeschichten, Abenteuer- und Fantasyromane. Seit 1993 lebt der Autor bei Freiburg im Breisgau. 2003 erhielt er den »Umweltpreis der Kinder- und Jugendliteratur« vom Natur- und Umweltpark Güstrow.
Unter *www.fabulalitera.de* ist der Autor auch im Internet zu finden.

Sigrid Laube wurde 1953 in Wien geboren, wuchs in verschiedenen Ländern auf und spricht mehrere Sprachen. Sie studierte Jura und Geschichte und arbeitet als Gutachterin und Schriftstellerin. Mit Mann und drei Kindern lebt sie abwechselnd in Wien und in Warschau. Sie überzeugt vor allem mit Texten für Bilderbücher, Kurzgeschichten und Romanen für Kinder und Jugendliche. 1997 erhielt sie den Österreichischen Kinderbuchpreis, zahlreiche weitere Preise folgten.

Mira Lobe wurde 1913 in Görlitz geboren. Sie wollte studieren und Journalistin werden, was ihr aber als Jüdin im nationalsozialistischen Deutschland verwehrt wurde. Daher lernte sie Maschinenstrickerin. 1936 flüchtete sie nach Palästina, wo sie den Schauspieler Friedrich Lobe heiratete und zwei Kinder bekam. Nach dem Zweiten Weltkrieg kehrte sie nach Europa zurück und lebte ab 1950 in Wien. Sie starb am 6. Februar 1995.
Mira Lobe war eine der bedeutendsten Kinder- und Jugendbuch-

autorinnen und wurde mit zahlreichen Preisen ausgezeichnet (u. a. Österreichischer Staatspreis für Jugendliteratur).

Carolin Philipps wurde 1954 geboren und ist Gymnasiallehrerin in Hamburg. Sie ist mit einem Vietnamesen verheiratet und hat zwei Kinder. Besonders interessiert ist sie an Themen, die Kinder und Jugendliche heute beschäftigen – auch aktuelle politische Themen. Für ihren Roman »Milchkaffee und Streuselkuchen« bekam Carolin Philipps den Mentioning Award des UNESCO-Price for Tolerance and Peace 2000.
Mehr unter *www.carolinphilipps.de*.

Guy Rewenig wurde 1947 in Luxemburg geboren und lebt in Nospelt, Luxemburg. Er war bis 1984 Lehrer und arbeitet seither als freier Schriftsteller. Er schreibt Romane, Erzählungen, Essays, Lyrik, Theaterstücke und Geschichten für Kinder in den drei Landessprachen Luxemburgisch, Deutsch und Französisch. In seiner Heimat gilt er als Begründer der zeitgenössischen Literatur für Kinder. Sein 1990 erschienenes Buch »Muschkilusch« – das erste von bisher 18 Kinderbüchern – ist in Luxemburg das meistgelesene literarische Werk überhaupt. Guy Rewenigs bevorzugte »Freizeitfüller« sind Film, Musik und Architektur.

Juli Zeh wurde 1974 in Bonn geboren, studierte Jura in Passau und in Leipzig und erwarb weiterhin das Diplom des Deutschen Literaturinstituts in Leipzig. 1996 erschien ihre erste Kurzgeschichte. Zwei Romane und weitere Kurzgeschichten folgten. Ihr Schreiben wurde mehrfach ausgezeichnet, unter anderem mit dem Ernst-Toller-Preis 2003. Dieser Literaturpreis wird für besondere Leistungen im Grenzbereich von Literatur und Politik verliehen.
Mehr unter *www.juli-zeh.de*.

Reinhold Ziegler schreibt seit nunmehr über zwanzig Jahren Bücher für Kinder, Jugendliche und junge Erwachsene. Ursprünglich war er Maschinenbau-Ingenieur und arbeitete auch einige Jahre in diesem Beruf, danach folgte eine Ausbildung zum Journalisten. Er wurde 1955 in Erlangen geboren, verlebte dort seine Kindheit und wohnte dann an verschiedenen Orten, unter anderem in Karlsruhe, Berlin und in seinem Auto. Seit 1987 lebt er mit seiner Familie im Raum Aschaffenburg. Viele seiner Romane und Erzählungen wurden mit Preisen ausgezeichnet.
Näheres zum Autor und zu seinen Büchern im Internet unter *www.reinhold-ziegler.de*.